Lieblingsorte

16 Grosnez Castle

Bei Sonnenuntergang erlebt man mitten in den Ruinen von Grosnez eine märchenhafte Stimmung. Mit etwas Glück kann man von hier aus sogar Delfine beim Spielen im Meer beobachten. Auch gibt es eine sehr schöne Wanderung entlang der Nordküste, die an dieser alten Ruine vorbeiführt. Hier genießt man Jerseys Wildheit (s. S. 31).

005je-mjm

Die alte Mühle in Grève de Lecq 39

In Grève de Lecq kann man wunderbar das Treiben am Hafen bestaunen, den Fischern zusehen und schließlich ein kulinarisches Abenteuer wagen und im Moulin de Lecq eine riesige Krabbe verspeisen. Tagsüber lädt der wunderschöne, große Sandstrand zu einer Pause und einem erfrischenden Bad im Atlantik ein (s. S. 56).

006je-mjm

6 Beresford Fish Market in St. Helier

Der Fischmarkt verführt zum Stöbern und Kaufen. Kommt der Hunger, erwirbt man in authentischer Atmosphäre einfach eine der Inselspezialitäten wie frischen Hummer oder frische Austern. Wer danach weiter shoppen möchte, sollte den benachbarten Central Market 5 in der Markthalle von Jerseys Hauptstadt besuchen (s. S. 19).

007je-mjm

Der Icho Tower im Felsenwatt

Auf dieser einzigartigen Wanderung zum Icho Tower durch Europas größtes Felsenwatt erwarten den Wanderer nicht nur jede Menge Seehasen, sondern auch bizarr geformte Sandflächen. Allerdings sollte man diese Tour nur mit lokaler Führung unternehmen. Spannend ist auch eine Wanderung zum Seymour Tower (s. S. 71).

008je-mjm

Inhalt

Bewertung der Sehenswürdigkeiten

★★★ nicht verpassen
★★ besonders sehenswert
★ wichtig für speziell interessierte Besucher

Planquadrat im Kartenmaterial

[A1] Orte ohne diese Angabe liegen außerhalb unserer Karten. Ihre Lage kann aber wie die aller Ortsmarken mithilfe der begleitenden Web-App angezeigt werden (s. Anhang).

Updates zum Buch

www.reise-know-how.de/inseltrip/jersey24

Im Radio Tower (s. S. 53) im Südwesten der Insel kann man auch übernachten (Foto: 066je-mjm)

Benutzungshinweise

Orientierungssystem

Die in den folgenden Kapiteln beschriebenen Attraktionen sind mit einer **fortlaufenden magentafarbenen Nummer** gekennzeichnet, die sich als Ortsmarke im Faltplan oder den Detailplänen wiederfindet. Steht die Nummer im Fließtext, verweist sie auf die Beschreibung dieser Attraktion.

Die Angabe in **eckigen Klammern** verweist auf das Planquadrat im Faltplan oder auf den Detailplan. Beispiele:
17 Dolmen des Géonnais ★★★ [C2]
7 Howard Davis Park ★★★ [S. 145]

Alle weiteren Points of Interest wie Unterkünfte, Restaurants oder Cafés sind mit einer Nummer in **spitzen Klammern** versehen. Anhand dieser eindeutigen Nummer können die Orte in unserer speziell aufbereiteten Web-App unter www.reise-know-how.de/inseltrip/jersey24 lokalisiert werden (s. S. 143). Beispiel:
› **Plémont Bay** <41>

Beginnen die Points of Interest mit einem **farbigen Quadrat,** so sind sie zusätzlich im Detailplan von St. Helier eingezeichnet:
■ **Voisins Department Store** <34>

Der Schmetterling ...

... zeigt an, wo man besonders gut Natur erleben kann oder Angebote im Bereich des nachhaltigen Tourismus findet.

Kinder-Tipps

Das Symbol kennzeichnet Sehenswertes, Unterkünfte und Aktivitäten, an denen auch kleine Urlauber ihre Freude haben.

Preiskategorien

Gastronomie

Richtwerte für ein Hauptgericht ohne Getränke:

£	bis £ 10
££	£ 10–20
£££	£ ab 20

Unterkünfte

Richtwerte für ein Doppelzimmer mit Frühstück:

£	bis £ 65
££	£ 65–100
£££	£ 100–175
££££	ab £ 175

Vorwahl

› Die **Vorwahl von Jersey** lautet **0044,** anschließend wählt man die lokale Rufnummer. Ruft man aus dem Ausland auf der Kanalinsel an, muss man die erste 0 der lokalen Rufnummer weglassen.

Postleitzahlen

› Hinter den Ortsnamen steht in Großbritannien immer die **Postleitzahl,** z. B. JE2 3RP.

JERSEY ENTDECKEN

010je-mjm

Jersey im Überblick

Wenn man mit der Fähre im Hafen von Jersey ankommt, sieht man als erstes die Hochhäuser der **Inselhauptstadt St. Helier** (s. S. 14). Das ist zwar ein eindrucksvoller Anblick, aber nicht gerade die schönste Ansicht der Insel. Die Hauptstadt liegt auf der Südseite der Insel und ist verhältnismäßig groß und ziemlich hektisch. Hier ist die Finanzbranche zu Hause, gleichzeitig der größte Wirtschaftsfaktor Jerseys. Ein Besuch der Inselhauptstadt mit ihren Sehenswürdigkeiten und eine Shoppingtour durch die Straßen von St. Helier gehören aber zum Pflichtprogramm eines jeden Jersey-Urlaubes.

Der geschützte Standort auf der Insel mit seinen bei Ebbe großen Sandstränden wurde schon vor langer Zeit besiedelt. Historisches Zeugnis davon ist **Elizabeth Castle** 1, das zur Sicherung Jerseys auf einer Felsinsel vor der Stadt erbaut wurde.

Östlich von St. Helier liegt die Gemeinde **St. Clement.** Besonders bemerkenswert ist hier das südlich der Küste gelegene **Felsenwatt,** das größte seiner Art in Europa. Bei Ebbe kann man kilometerweit zu zwei Befestigungstürmen hinauswandern, dem **Seymour Tower** und dem **Icho Tower** (s. S. 71). Allerdings empfiehlt sich dieser Ausflug nur unter ortskundiger Führung. In der Gemeinde St. Clement steht zudem das schöne **Samarès Manor** 52 mit dem wunderbaren Botanischen Garten. Auch sein Café mit schöner Terrasse lohnt einen Besuch.

◁ Vorseite: Auf dem Liberation Square (s. S. 21) in St. Helier

Westlich von St. Helier erstreckt sich die weite Bucht hinüber nach **St. Aubin** 27, einem schönen Hafenstädtchen mit ganz besonderem Flair. Hier kann man in einem der zahlreichen Restaurants zauberhaft den Abend verbringen oder in der Harbour Gallery 28 nach lokalen Kunstgegenständen stöbern.

In St. Aubin startet der **Corbière Walk** (s. S. 46). Auf der ehemaligen Eisenbahntrasse kann man zu Fuß oder mit dem Fahrrad zur Westküste beim **Corbière-Leuchtturm** 34 auf seinen roten Granitfelsen wandern oder fahren. Bei Ebbe kann man ohne Probleme zum Leuchtturm hinüber wandern, bei Flut wird die Küste aber schnell gefährlich. Es trifft sich hervorragend, dass man direkt am Start des Corbière Walk in einem Verleih sein Fahrrad mitnehmen kann (s. S. 99).

Zwischen St. Helier und St. Aubin steht die **St. Matthew's Glass Church** 23, eine beeindruckende Kirche – von außen vollkommen unscheinbar, innen fast komplett aus Glas.

Durch das Landesinnere führt die Straße nach **St. Brelade** (s. S. 49), einem der beliebtesten Urlaubsorte auf der Insel. Weite Sandstrände, eine schöne Uferpromenade und zahlreiche Restaurants mit spektakulärem Blick auf das Meer verwöhnen den Urlauber. Sehr schön ist auch die St. Brelade's Church (s. S. 50) mit der kleinen, romantischen Fishermen's Chapel.

Die gesamte **Westküste** besteht aus kilometerlangen Sandstränden, der **St. Ouen's Bay** (s. S. 33), einem beliebten Surferrevier. Hinter der Straße, die parallel zum Strand verläuft, erstreckt sich die **Dünenlandschaft Les Mielles** 11, der man früher

009je-mjm

wenig Beachtung schenkte. Durch die Ruhe konnte sich ein Gebiet mit vielen seltenen Pflanzen entwickeln. Der Wind lädt den Sand vom Strand hier ab und bildete im Laufe der Jahre die Dünen. In der unmittelbaren Nähe befindet sich ein vom National Trust gepflegtes **Orchideenfeld,** ein wirkliches Kleinod mit drei verschiedenen Orchideenarten ⑩.

Die Insel Jersey steigt von Süd nach Nord an. Eindrucksvoll stürzen die Felsen auf der Nordseite ins Meer. Daher eignet sich dieser Küstenabschnitt vor allem für wunderbare **Wanderungen.** Zwischendurch wird die steile Küste von schönen Buchten unterbrochen, die allesamt einen Besuch lohnen. Neben Wandern lohnt sich die Küste auch zum Erkunden bei einer Kajaktour. Hier bekommt man gleich ein noch eindrucksvolleres Bild von den Felsen und der dort lebenden Vogelwelt vermittelt. Im Norden liegt auch **La Hogue Bie** (s. S. 70), die bedeutendste Megalithanlage auf den Kanalinseln. Wer auf Entdeckung gehen will, wird auf Jersey noch weitere Dolmen finden. Sie entstanden nach der Abtrennung der Insel vom französischen Festland. Ebenfalls im Norden hat Gerald Durrell seinen **Zoo** ㊶ mit den schönen Anlagen und vielen seltenen Tieren gegründet. Wer es romantisch mag, kann sogar in Rundzelten im Zoo übernachten.

Die Ostküste beginnt im Nordosten mit **St. Catherine's Breakwater** ㊻, der einzigen von mehreren geplanten Befestigungsanlagen gegen die Franzosen, die fertiggestellt wurde. Aus historischer Zeit findet man allerdings einige Martello-Türme (s. S. 70) an dieser Küste, die ebenfalls der Verteidigung Jerseys dienten.

Etwas südlich von St. Catherine's Breakwater, oberhalb von Gorey ㊼, liegt **Mount Orgueil Castle** ㊽, die historische Burg Jerseys. Mit der Erfin-

Die Plémont Bay (s. S. 33) bei Flut

KURZ & KNAPP

Von Kröten und Hexen

Traditionell werden die Einwohner Jerseys **„Toads“ oder „Crapauds“** (Kröten) genannt. Gemäß einer Legende von Guernsey kam der heilige Samson von Dol auf Jersey an, wurde aber auf der damals heidnischen Insel sehr feindselig empfangen, sodass er gleich nach Guernsey weiterzog. Auf Guernsey nahm ihn die Bevölkerung dagegen herzlich auf, was er ihnen vergalt, indem er alle Schlangen und Kröten von Guernsey nach Jersey verbannte.

Der **Glaube an Hexen** war auf Jersey immer sehr stark. Hexen halten ihren Hexensabbat angeblich an Freitagen am Rocque-Berg (auch Hexenfelsen genannt) bei St. Clement ab. An alten Häusern befinden sich Hexensteine, die diese magischen Wesen für eine kleine Pause nutzen, wenn sie zu ihren Treffen fliegen.

dung von Kanonen war die Burg zur Befestigung der Insel bald nicht mehr geeignet, weshalb Elizabeth Castle 1 im Süden von St. Helier gebaut wurde. Von **Gorey** erstrecken sich die weiten Sandstrände der Royal Bay of Grouville nach Süden bis zur Gemeinde **St. Clement** (s. S. 72). Sie laden bei Ebbe regelrecht zu schönen Spaziergängen ein.

Sehr grün ist das **Zentrum der Insel.** Das **Waterworks Valley** 24 mit seinen Seen ist das Wasserreservoir Jerseys. Hier kann man dem **Hamptonne Country Life Museum** (s. S. 42) mit mehreren Gebäuden aus verschiedenen Jahrhunderten einen Besuch abstatten. Weiter westlich liegt **St. Peter's Valley** (s. S. 36) mit seinen historischen Mühlen. Leider führt eine stark befahrene Straße durch das Mühlental. Unweit davon befinden sich die **Jersey War Tunnels** 25, eine bedeutende Sehenswürdigkeit. Erschreckend, wie die deutschen Besatzer unter schrecklichen Bedingungen ein unterirdisches Tunnelsystem von Zwangsarbeitern erbauen ließen. Viele Menschen kamen dabei ums Leben. In einer interessanten Ausstellung kann man die bedrückende Geschichte hautnah nacherleben. Die Besetzung im Zweiten Weltkrieg durch die Nationalsozialisten ist allgegenwärtig. Immer wieder trifft man auf Beobachtungstürme, einer wurde sogar von Jersey Heritage zu einer Übernachtungsmöglichkeit umgebaut. Am **Noirmont Point** 30 zwischen St. Helier und St. Brelade hat man die **Geschütze und Bunker der Deutschen** als Mahnmal stehen gelassen und in der **Occupation Tapestry Gallery** 2 in St. Helier hat man die Besatzung auf Wandteppichen festgehalten. Diese dunkle Zeit Jerseys hat aber keine negativen Einflüsse auf einen Jersey-Urlaub. Die Bewohner der Insel sind Touristen gegenüber, auch aus Deutschland, sehr freundlich und aufgeschlossen.

Jersey ist direkt **Eigentum der englischen Krone** und politisch als Bailiwick of Jersey (Vogtei Jersey) eigenständig. Zum Bailiwick of Jersey gehören neben der Hauptinsel noch die unbewohnten **Inselgruppen Les Dirouilles** im Nordosten, östlich davon – in direkter Nachbarschaft **Écréhous** 66, **Les Minquiers** 67 im Süden sowie **Pierre des Lecq** im Norden. Auf einzelnen Inseln, die zu Écréhous und zu Les Minquiers gehören, gibt es heute Ferienhäuser. Auf Écréhous wurde 1203 sogar eine kleine Abtei errichtet, die allerdings bereits im 15. Jahrhundert wieder verlassen wurde und in der Folge verfiel. In Zeiten, in denen man die

Stimmabgabe auf Jersey kontrollieren bzw. manipulieren wollte, kam es vor, dass Bewohner hierhin entführt wurden, nur um erst nach vollendeter Wahl wieder nach Jersey zurückkehren zu dürfen. Auf den Les Minquiers wurden am Ende des Zweiten Weltkriegs Soldaten der deutschen Wehrmacht vergessen. Erst drei Wochen nach Beendigung des Kriegs entdeckte ein französisches Fischerboot die Soldaten, die die Besatzung um Hilfe baten.

Wie erkundet man die Insel?

Falls man mit dem **Auto und der Fähre** angereist ist, kann man schnell jede Ecke der Insel erreichen. Allerdings sind die Straßen eng und viel befahren, sodass Vorsicht im Straßenverkehr angebracht ist. Dadurch ist man auch etwas langsamer unterwegs, als man es von den deutschen Landstraßen gewöhnt ist.

Bei der Anreise mit dem Flugzeug kann man gut auf das Auto verzichten und alle wichtigen Orte und Sehenswürdigkeiten auf der Insel bequem mit dem **Bus** erreichen. Das Busnetz auf Jersey ist sehr gut ausgebaut. Zentraler Ausgangspunkt aller Buslinien ist die Libration Station in der Inselhauptstadt St. Helier (s. S. 14).

Im Inselinnern gibt es viele **Green Lanes.** Auf diesen verkehrsberuhigten Straßen haben Fahrradfahrer und Fußgänger „Vorfahrt". Daher laden sie regelrecht zu einer Erkundung mit dem **Fahrrad** ein. Wir stellen in diesem Reiseführer zwei schöne Fahrradtouren vor. Die eindrucksvolle Nordküste entdeckt man am besten **zu Fuß** auf dem landschaftlich großartigen Küstenpfad. Aber auch andere Ecken lassen sich gut per pedes erkunden. In diesem Buch werden daher vier Wanderungen an verschiedenen Küstenabschnitten Jerseys beschrieben (s. S. 103).

Inselsteckbrief

- **Lage:** im Ärmelkanal in der Bucht von Saint Malo, 150 km südlich von Großbritannien und gut 25 km vor der französischen Küste
- **Fläche und Ausdehnung:** 119,6 km^2. Die Insel ist 14,5 km lang (West-Ost-Ausdehnung) und 9 km breit (Nord-Süd-Ausdehnung).
- **Einwohnerzahl:** 105.500
- **Hauptstadt:** St. Helier (33.500 Einwohner)
- **Sprache:** Englisch, Französisch, teilweise noch Jèrriais, ein normannischer Dialekt
- **Verwaltung:** Die Insel gehört zur Selbstverwaltung Bailiwick of Jersey und ist Eigentum der britischen Krone. Sie ist in zwölf Gemeinden aufgeteilt und verfügt über eine Ministerialregierung mit einem sog. Chiefminister an der Spitze. Jersey gehört nicht zur Europäischen Union.
- **Wirtschaft:** Wichtigster Wirtschaftszweig der Insel ist der Finanzsektor. Einen bedeutenden Teil zum Bruttoinlandsprodukt trägt auch der Tourismus bei. Die Landwirtschaft ist wirtschaftlich inzwischen zu vernachlässigen, ungefähr die Hälfte der Inselfläche wird aber landwirtschaftlich genutzt.
- **Zeit:** Westeuropäische Zeit (= Mitteleuropäische Zeit minus 1 Std.)

Inselhauptstadt Saint Helier

St. Helier bietet **viele Sehenswürdigkeiten**, sodass man die Inselhauptstadt während eines Jersey-Urlaubes zumindest einmal besuchen sollte. Zudem findet man hier die **größte Auswahl an Restaurants und Ausgehmöglichkeiten** für den Abend vor.

Allerdings darf auch nicht verschwiegen werden, dass St. Helier mit seinen über 33.000 Einwohnern oft ziemlich hektisch wirkt. Besonders wenn man einmal während des Berufsverkehrs in einer der Straßen im Stau steht, vergeht einem schnell die Lust auf einen Besuch der Stadt.

Hier haben zahlreiche Banken, Versicherungen und Unternehmen ihren Sitz. St. Helier ist somit das wirtschaftliche Zentrum der Insel. St. Helier liegt im Süden der Insel, ist auf gut ausgebauten Straßen aus allen Ecken Jerseys schnell zu erreichen und somit der wichtigste Verkehrsknotenpunkt der Insel.

Benannt ist die Stadt nach dem **Mönch St. Helier**, der im 6. Jahrhundert im Rahmen einer Missionsreise mit dem heiligen Markulf nach Jersey gelangte. Markulf ließ seinen Schüler St. Helier auf der Insel zurück, damit dieser die Insel missionieren sollte. Gemäß der Legende ließ er sich in einer Höhle auf der Gezeiteninsel L'Islet in der Nähe des später erbauten Elizabeth Castle 1 nieder. Um seinen Tod im Jahre 555 gibt es viele verschiedene Geschichten. Eine Legende besagt, dass St. Helier von seiner Einsiedelei einen perfekten Blick aufs Meer hatte und deshalb ankommende Wikinger rechtzeitig sah, um seine Landsleute zu warnen. Eines Tages allerdings wurde er von einer Gruppe Angreifer gefangengenommen und anschließend geköpft. Daraufhin stand St. Helier auf, nahm seinen Kopf in die Hand und wandelte an Land. Sein Gefährte, der heilige Romard, fand ihn dort, wie er immer noch seinen Kopf hielt. Er legte seine Leiche in ein Boot und schickte es auf eine Reise Richtung Frankreich. Die Hand Gottes leitete das Boot, und so kam es in Bréville-sur-Mer an. An diesem Ort lag der hl. Helier für die Nacht, bevor man ihn fand und es entsprang eine heilende Quelle. Neben dieser Quelle erbaute man später eine Kirche, auf der heute eine Statue steht, die immer noch den Kranken Heilung bringen soll.

Auf Jerseys vorgelagertem Inselfelsen, der ehemaligen Einsiedelei, wurde ein kleines Kloster erbaut. Anstatt des inzwischen zerstörten Klosters errichtete man 1155 auf einem Nachbarfelsen eine Abtei, an deren Stelle heute Elizabeth Castle steht. Die Stadt entwickelte sich anfangs sehr zögerlich. Erst mit dem Bau des Hafens im 18. Jahrhundert gewann St. Helier an Bedeutung und begann zu wachsen.

1 Elizabeth Castle ★★★ [F6]

Das mächtige Elizabeth Castle thront exponiert auf einem Felsen südlich der Inselhauptstadt St. Helier. Ursprünglich stand hier ganz in der Nähe des Felsens, auf dem der Mönch St. Helier (siehe links) wohnte, eine **Abtei** aus dem 11. Jahrhundert. Die **Burg** wurde im 16. Jahrhundert erbaut, als das Mont Orgueil Castle 48 an der Ostküste der Insel für die Verteidigung Jerseys nicht

Das mächtige Elizabeth Castle vor St. Helier

mehr ausreichte. Der erste Teil der Burg entstand am höchsten Punkt mit einem runden Turm. Im 17. Jahrhundert errichtete man während des Englischen Bürgerkriegs den Vorposten **Fort Charles.** Zwischen der Burg und dem Fort befand sich ein Graben.

Nach Passieren von Fort Charles gelangt man zum **Guardhouse,** das im Jahre 1810 errichtet wurde. Hier erhält man eine kleine Einführung über die Burg sowie die Tiere und Pflanzen, die man auf der Festungsinsel findet. Weiter in Richtung Hauptburg erreicht man den **Searchlight Bunker.** Während des Zweiten Weltkriegs stand hier der Suchscheinwerfer der deutschen Besatzer. Als nächstes läuft man über **Outer Ward,** auf dem einige Schiffskanonen stehen.

Man geht weiter zu einem großen Platz, dem **Parade Ground.** In der Mitte markiert ein Kreuz den ehemaligen Standort der Abteikirche. Diese wurde 1651 durch die englischen Truppen zerstört. In den umstehenden Gebäuden, die im 18. Jahrhundert entstanden, befinden sich ein Café, sowie zwei Museen. Im ehemaligen Offiziers-Quartier befindet sich ein Museum, das die gesamte Geschichte der Burg darstellt. Im benachbarten Militärmuseum erfährt man alles Wissenswerte über die Royal Jersey Militia. Die Einheiten wurden 1337 von Edward III. gegründet.

Durch das **Iron Gate** und den ursprünglichen Burgeingang, **das Queen Elizabeth's Gate,** geht man weiter zum ältesten Teil der Burg, dem **Upper Ward.** Man gelangt zum **Burgturm (Keep),** von dem man eine großartige Aussicht auf die Umgebung erhält. Er wurde von den Deutschen im Zweiten Weltkrieg als Beobachtungsturm genutzt.

An der Südspitze der Insel liegt **Hermitage Rock.** Hier soll St. Helier (s. S. 14) als Eremit gelebt haben. An der Spitze des Felsens steht eine kleine Kapelle. Diese steht auf einer Höhle und wurde im 12. Jahrhundert errichtet. In der Höhle soll der Eremit gewohnt haben. In den Felsen kann man häufig Austernfischer mit dem markanten orangenen Schnabel beobachten.

Der Gouverneur von Jersey, Sir Walter Raleigh, benannte die Burg nach Königin Elizabeth I. als „Fort Isabella Bellissima“. Er war von 1600 bis 1603 Gouverneur im damals armen Jersey.

011je-mjm

In Elizabeth Castle befanden sich das **Hauptquartier der Streitkräfte Jerseys und der Sitz des Gouverneurs.**

Im 18. Jahrhundert wurde die Burg umfangreich umgestaltet. Die Lage war aber nicht unproblematisch. Viele Soldaten kamen auf dem Weg nach St. Helier bzw. beim Rückweg um, wenn sie von der einsetzenden Flut überrascht wurden. Beim Einmarsch der französischen Truppen 1781 (s. S. 123) saßen Jerseys Truppen auf der Burg fest, da sie durch die Flut von St. Helier abgeschnitten waren. So gelang es den Franzosen, bis zum Marktplatz der Inselhauptstadt vorzudringen.

Bis 1923 gehörte die Burg der englischen Krone und wurde dann an die Vogtei Jersey verkauft.

Von 1940 bis 1945 war sie von deutschen Truppen besetzt. In dieser Zeit befestigten die Deutschen die Anlage mit **Bunkern und Flugabwehrgeschützen,** da sie einen Angriff der Alliierten befürchteten. Einige der Bunker können heute noch auf dem Gelände besichtigt werden.

Bei Ebbe kann die Burg auf einem 750 Meter langen Übergang zu Fuß erreicht werden. Dieser wurde bereits im 19. Jahrhundert angelegt. Bei Flut ist die Burg allerdings von Saint Helier abgeschnitten. Dann setzt man mit speziellen Amphibienfahrzeugen ganz bequem zur Burg über.

› Castle Ferry Kiosk, Les Jardins de la Mer, West Park, St. Helier JE2 3NU, Tel. 01534 723971, www.jerseyheritage.org, Eintritt: Erwachsene £ 15,95 bzw. £ 19,65 inkl. Fähre, bis 16 Jahre £ 10,35 bzw. £ 14,05, Familien £ 47,35 bzw. £ 62,05 inkl. Fähre, Senioren £ 14,35 bzw. 18,05, geöffnet: März–Okt. tägl. 10–17.30 Uhr

2 Maritime Museum and Occupation Tapestry Gallery ★★ [S. 145]

Das Maritime Museum ist in ehemaligen Lagerhallen am Hafen von St. Helier untergebracht. Hier lernt man auf interaktive Weise die Welt des Meeres kennen. Der erste Teil ist den verschiedenen **Elementen** ge-

012je-mjm

MEIN TIPP

Auf den Spuren des Widerstands

Vom 1. Juli 1940 bis 9. Mai 1945 lebten die 41.000 Einwohner Jerseys unter der Besatzung von 11.000 deutschen Soldaten. Ein großer, organisierter Widerstand war nicht möglich, sodass es nur Widerstände im Untergrund von einzelnen Personen gab, die ein großes persönliches Risiko eingingen. Der **Resistance Trail** von Jersey Heritage führt zu Stationen dieser Bewegung. Der Weg beginnt beim Victoria College House, Mont Millais, St. Helier JE1 4HT. Das Haus befindet sich im östlichen Teil der Stadt an der Straße Mont Millais.

Das Gebäude war das Hauptquartier der deutschen Feldkommandantur. Der Weg führt auch zur Occupation Tapestry im Maritime Museum 2.

› Weitere Informationen findet man auf der **Homepage von Jersey Heritage:** www.jerseyheritage.org/walks-trails-and-tours/resistance-trail

widmet, im zweiten Abschnitt geht es um **Schiffe** und zum Abschluss um die **Menschen.** Vor allem für Kinder ist das Museum ein großer Spaß, denn den kleinen Gästen werden die Inhalte des Museums spielerisch nähergebracht.

Im gleichen Gebäude findet man auch die **Occupation Tapestry Gallery.** Sie wurde 1995 vom damaligen Prinz Charles, heute König Charles III., anlässlich der 50-jährigen Befreiung von Jersey eröffnet. Auf zwölf geknüpften Wandteppichen wird die Besatzung Jerseys durch die Nationalsozialisten im Zweiten Weltkrieg dargestellt. Von jeder der zwölf Gemeinden Jerseys wurde ein Teppich geknüpft. Als Vorlage für die Teppiche dienten originale Schwarz-Weiß-Bilder. Ein Film im Museum zeigt die Herstellung der Teppiche und lässt auch einige Stickerinnen zu Wort kommen. Der Eintritt zur Tapestry ist im Ticket des Maritime Museums enthalten.

› New North Quay, St. Helier JE2 3ND, Tel. 01534 811043, www.jerseyheritage.org, Eintritt: Erwachsene £ 12,10, bis 16 Jahre £ 7,85, Familien £ 35,90, Senioren £ 10,90 (jeweils inkl. Tapestry Gallery), geöffnet: März–Okt. tägl. 10–17, Nov.–Febr. tägl. 10–16 Uhr

◁ Spannend für Groß und Klein – das Maritime Museum in St. Helier

3 Jersey Museum and Art Gallery ★★ [S. 145]

Im Jersey Museum kann man sich über die Geschichte der Insel und das Leben auf Jersey informieren. Das Museum ist in einem **alten Stadthaus aus der viktorianischen Zeit** beheimatet, das 1893 zum Museum umfunktioniert wurde. Die Ausstellung verteilt sich über vier Stockwerke: Im ersten Stockwerk wird über die **Geologie, Flora, Fauna, Politik und Kultur** Jerseys informiert. Ebenso kann man eine Nachbildung der Höhle La Cotte de St. Brelade (s. S. 120) bestaunen. Hier fand man 250.000 Jahre alte Tierknochen.

Im zweiten Stockwerk befindet sich die **Art Gallery,** in der Gemälde von Künstlern von Jersey ausgestellt werden, aber auch Porträts von **Lillie Langtry** (s. S. 76). Sie war im 19. Jahrhundert Schauspielerin und Mätresse des Prinzen von Wales, dem späteren König Edward VII. Aus dem dritten Stock blickt man zum Fort Regent und der Signalstation von 1708.

Das Nebengebäude führt in einen Bau, der bis ins kleinste Detail restauriert wurde: eine Residenz aus der viktorianischen Zeit. Früher befand sich vor dem Haus das Kai mit einer großen Waage, daher rührt die Adresse des Hauses her: Pier Road Nr. 9.

› The Weighbridge, St. Helier JE2 3NG, Tel. 01534 633300, www.jerseyheritage.org, Eintritt: Erwachsene £ 12,10, bis 16 Jahre £ 7,85, Familien £ 35,90, Senioren £ 10,90, geöffnet: April–Okt. tägl. 10–17, Nov., Dez. tägl. 10–16 Uhr

4 Parish Church of Saint Helier ★ [S. 145]

Die Kirche wurde bereits im 11. Jahrhundert erwähnt, der heutige Bau stammt aus dem 14. Jahrhundert. Die Chorfenster wurden zwischen 1868 und 1874 eingebaut. Ein Stein in der Kirche erinnert an die Battle of Jersey von 1781 (s. S. 123). Auf ihm steht „Peirson" geschrieben. Peirson war der Kommandant der englischen Truppen, der den Überfall durch die Franzosen vereitelte. Er fiel in der Schlacht, genauso wie sein französischer Widersacher, Baron de Rullecourt, der in der Umgebung beigesetzt wurde.

Ursprünglich stand die Kirche wahrscheinlich einmal recht nah an der Küste, aufgrund von Landgewinnung befindet sie sich heute weiter im Inland. An der Grenzmauer sieht man **eiserne Ringe**, von denen einige Historiker glauben, sie wurden genutzt, um Boote zu vertäuen. Allerdings hätte das Meer diesen Ort nur im Zuge der höchsten Springfluten erreicht, weshalb es deutlich wahrscheinlicher ist, dass diese Ringe genutzt wurden, um Rinder festzubinden, die auf dem Weg zum Markt waren, der nur 60 m von der Kirche entfernt abgehalten wurde. Man vermutet, dass an dieser Stelle direkt nach dem Tod des hl. Helier (s. S. 14) eine Kapelle errichtet wurde, der Vorgängerbau der heutigen Parish Curch war.

› Church Street, St. Helier JE2 3NN, Tel. 01534 720001, Eintritt: Erwachsene £ 12,10, bis 16 Jahre £ 7,85, Familien £ 35,90, Senioren £ 10,90, geöffnet: April–Okt. tägl. 10–17, Nov., Dez. tägl. 10–16 Uhr

013je-mjm

5 Central Market ★★ [S. 145]

Gegenüber dem Fischmarkt wartet der Central Market auf einen Besuch. Die **viktorianische Halle mit Glasdach** und roten, eisernen Streben wurde 1881 erbaut.

Im Mai 1800 entschied der Staat, die öffentlichen Märkte weg vom zentralen Royal Square zum heutigen Ort zu verlegen. Nach einiger Zeit fand man den neuen Platz, der als Halkett Place bekannt wurde, und errichtete hier 1803 bis 1806 den ersten Markt. Der Markt von Bath diente als Vorbild, demnach war er kein Gebäude, sondern fand unter freiem Himmel statt. Einzelne Pultdächer schützten dabei die Stände. Der Markt mit seinen 40 Ständen war täglich geöffnet, wobei jeden Tag 6 Pence an den Inspektor entrichtet werden mussten. 1881 ersetzte der Central Market schließlich diesen ersten Umschlagplatz.

Das heutige Gebäude wurde im Zuge der 100-Jahr-Feier der Battle of Jersey (s. S. 123) erbaut. Thomas W. Helliwell aus Yorkshire gewann den Architekturwettbewerb. Die Fläche des Markts beträgt rund 31 Ar. Sieben Tore bilden den Zugang. 37 gusseiserne Säulen, an deren Ende sich rötlich verspielte Verstrebungen befinden, stützen das achteckige verglaste **Dach.** Moderne Leichtbaupaneele ersetzen heute die ursprünglich 80 Tonnen Glas. Trotzdem kommt immer noch genug Licht durch, um eine helle, luftige Atmosphäre zu erzeugen. Die angebotenen Waren werden durch Schieferplatten vor der Sonne geschützt. Sowohl am südseitigen Eingang als auch auf der Ostseite sind die **Tore** wahre Kunstwerke: Die **Eisengitter** sind mit bunten Vögeln, Tieren und jede Menge Trauben geschmückt. Der **Springbrunnen** ist gut 4,5 m hoch und besitzt drei Ebenen, über die das Wasser schließlich in das unterste Becken kaskadiert. Ursprünglich sollte der Brunnen nur Wasser für den Markt bieten, wurde aber schnell ein Anziehungspunkt für Besucher. Jährlich werden hier ungefähr 5000 Pfund Münzen hineingeworfen.

Heute bieten rund vierzig Händler hier ihre Waren an. Man findet frisches Obst, Gemüse, Fleisch, Feinkost und alle möglichen Lebensmittel. Ergänzt wird das Angebot durch Cafés.

› Halkett Place, St. Helier JE2 4WL, geöffnet: Mo.–Sa. 7.30–17.30, Do. bis 20 Uhr

◁ Ein Besuch des Central Market in St. Helier darf bei keiner Stadtbesichtigung fehlen

6 Beresford Fish Market ★ [S. 145]

Vor allem am Morgen lohnt sich ein Besuch der Fischhalle, dann werden hier frischer Fisch, Muscheln und Meeresfrüchte verkauft. Besonders beeindruckend sind die Krustentiere, insbesondere die großen Krebse. Das Beobachten des Treibens macht Hunger, sodass man sich einen Imbiss gönnen kann. Eine Empfehlung ist das **Bistro Rosa** (s. S. 22), das leckere Fischgerichte anbietet.

Der Fischmarkt wurde 1841 erbaut und in den Jahren 1873, 1936 und 1972 restauriert. Heute ist er mit knapp 930 m² deutlich kleiner als zu früheren Zeiten.

› Beresford Street, St. Helier JE2 4WX, geöffnet: Mo.–Sa. 7.30–17.30, Do. bis 20 Uhr

7 Howard Davis Park ★★ [S. 145]

Der Howard Davis Park ist die „grüne Lunge" von St. Helier und bildet eine schöne Ruheoase in der hektischen Inselhauptstadt. Am Eingang wird man von einem Standbild des englischen Königs George V. begrüßt. Dahinter im Park wachsen zahlreiche subtropische Pflanzen, denen das milde Klima Jerseys wunderbar bekommt. Der Park wurde von Thomas Benjamin Frederick Davis angelegt und nach seinem im Ersten Weltkrieg gefallenen Sohn Howard benannt.

› St. Clement Road 6, St. Helier JE2 4QA

Strände vor Ort

Östlich des Hafens liegt **Havre des Pas**, ein **Meerwasserpool**, der jeden Tag überflutet wird und in dem man bei Ebbe ein paar Runden schwimmen kann. Die Poollandschaft wurde bereits 1895 erbaut. In diesem Gebiet befand sich bereits lange zuvor ein natürlicher Hafen für kleinere Schiffe, wovon der erste Teil des Namens abgeleitet wurde *(Havre). Des Pas* („Schritte") soll sich auf Felsen beziehen, die weiter im Inland liegen und wie Fußspuren aussehen. Der Sage nach sind es die Fußspuren der Jungfrau Maria, die hierher kam, als im 12. Jahrhundert in der Nähe eine Kapelle errichtet wurde. Allerdings ist eine naheliegendere Erklärung deutlich wahrscheinlicher: Das Gebiet wurde nach einer mittelalterlichen Kapelle benannt, deren vollständiger Name, Notre Dame de Pace („Unsere Friedensdame"), zu Chapelle des Pas verkürzt wurde. Diese Kapelle wurde im Jahr 1814 zerstört.

Den Pool erbaute der Schwimmverein von Jersey. Ursprünglich gab es eine runde Granitmauer, die das Wasser während der Ebbe hielt. Das Baden war hier dann den Frauen vorbehalten, Männer durften ausschließlich hinter den Felsen westlich des Pools baden. Es existierten auch Pläne, einen eigenen Männerpool zu bauen, weshalb Umkleidekabinen und eine Promenade eingerichtet wurden. Männern war die Nutzung dieser Einrichtungen nur zu bestimmten Zeiten gestattet. 1904 hob man schließlich die Geschlechtertrennung zwischen 9–10.30 Uhr auf. Der Pool war sehr populär und wurde deshalb in den 1920er-Jahren weiterentwickelt. In seiner Hochblüte war der Havre des Pas zentral für das soziale Leben St. Heliers. 1925 wurde die Anlage modernisiert und zwei Jahre später baute man einen Pavillon für Tanzveranstaltungen hinzu.

■ **Havre des Pas** <001> Außenanlage als Umkleide (Männer und Frauen getrennt), Kiosk, Toiletten, Duschen

Infos und Reisetipps

■ **Touristeninformationszentrum** <002> Liberation Station, Esplanade, St. Helier JE2 3AS, Tel. 0044 1534 859000, www.jersey.com/de, tägl. 9–17 Uhr. Hier bekommt man vor allem Informationsmaterial über die Insel und sachkundige Tipps zu den schönsten Sehenswürdigkeiten.

Unterkünfte

■ **Havelock Guest House** ££ <003> Havre des Pas, St. Helier JE2 4UQ, Tel. 01534 730663, www.havelockguesthouse.com. Das gemütliche Guest House liegt direkt am Strand von St. Helier in der Nähe von Havre des Pas.

› **Hotel de France** £££ <004> St. Saviours Road, St. Helier JE1 7XP, Tel. 01534 614100, www.defrance.co.uk. Modernes Viersternehotel mit tollem Wellness- und Spa-Bereich. Das Hotel steht etwas erhöht über der Stadt und beherbergt vier verschiedene Restaurants. Es besitzt sogar ein eigenes Kino!

› **Hotel Sandranne** ££ <005> 32 Rouge Bouillon, St. Helier JE2 3WA, Tel. 01534 721218, www.jersey.com/places-to-stay/listings/hotel-sandranne. Angenehmes, preislich attraktives Hotel im Zentrum von St. Helier.

■ **Liberty Wharf Apartments** ££££ <006> The Esplanade, St. Helier JE2 3AS, Tel. 01534 714700, www.liberty-apartments.co.uk. Sehr modern eingerichtete Appartments für einen Mindestaufenthalt von sieben Tagen, Frühstück nicht inklusive. Teilweise mit Hafenblick und Balkon. Die gesamte Anlage bietet einen durchgehenden 24-Stunden-Gäste-Service. Sehr zentrale Lage.

■ **Ommaroo Hotel** ££ <007> Le Havre des Pas, St. Helier JE2 4UL, Tel. 01534 723493, www.ommaroo.com. Dieses Hotel mit Meerblick ist bereits 100 Jahre alt und ist in einem charmanten englischen Stil gehalten. Ein Außenpool, eine Terrasse zum Strand, eine Bar und ein Restaurant machen den Aufenthalt im Hotel sehr angenehm.

■ **The Club Hotel & Spa** £££ <008> Green Street, St. Helier JE2 4UH, Tel. 01534 876500, www.theclubjersey.com. Modernes Fünfsternehotel mit einem großen Spa-Bereich, welches mitten in der Stadt steht. Hier laden Salzwasserpool, Sauna und ein Moorbad zum Relaxen ein.

MEIN TIPP

Historisches Hotel

Das zentrale, 1837 gegründete Hotel Pomme d'Or blickt auf eine lange Geschichte zurück. Besonders in Erinnerung geblieben ist die Befreiung Jerseys 1945 nach der Besatzung durch die Nationalsozialisten. Auf dem Hotel wurde bei der Befreiung der Union Jack, die Flagge Großbritanniens gehisst. Man übernachtet also in historischen Mauern. Das Haus verfügt über ein gutes Preis-Leistungs-Verhältnis und bietet saubere, wenn auch teilweise kleine Zimmer. Jeden Abend gibt es ein Büfett mit frischen, regionalen Produkten. Vor dem Hotel befindet sich der **Liberation Square.** Seit 1995 erinnert ein Denkmal einer Gruppe von Menschen mit wehender britischer Flagge an die Befreiung.

■ **Pomme d'Or Hotel** £££ <009> Liberation Square, St. Helier JE1 3UF, Tel. 01534 880110, www.seymourhotels.com/pomme-dor-hotel

◁ *Beim Meerwasserpool Havre des Pas*

- **The Norfolk Hotel** ££ <010> 60–61 La Colomberie, St. Helier JE2 4QA, Tel. 01534 632000, www.norfolkhoteljersey.co.uk. Das familiengeführte Zweisternehotel mit Außenpool ist verhältnismäßig günstig und befindet sich in zentraler Lage. Die selbstgebackenen Kuchen sollte man unbedingt probieren.
- **The Royal Yacht** £££ <011> The Weighbridge, St. Helier JE2 3NF, Tel. 01534 720511, www.theroyalyacht.com. Dieses schöne Viersternehotel mit kosmopolitischem Flair steht direkt am Hafen. Die Zimmer bieten Blick auf den Hafen und die Innenstadt. Das Hotel verfügt über einen großzügigen Spa-Bereich und vier Bars (u.a. The Drift, s. S. 23), die am Abend ein beliebter Treffpunkt sind.

Essen und Trinken

- **Aromas** ££ <012> 44 Kensington Place, St. Helier JE2 3PA, Tel. 01534 617824, www.aromasrestaurant.weebly.com. Ein kleines, aber feines Restaurant in der Nähe des Zentrums, das zu Recht sehr beliebt ist. Auf der Speisekarte finden sich sowohl Fleischgerichte als auch vegetarische Speisen. Unbedingt einen Tisch reservieren!
- **Bistro Rosa** ££ <013> Beresford Street, St. Helier JE2 4WX, Tel. 01534 729559. Nettes Bistro mit leckeren Fischgerichten beim Beresford Fish Market 6.
- **Bohemia** £££ <014> Green Street, St. Helier JE2 4UH, Tel. 01534 880588, www.bohemiajersey.com. Eines der Top-Restaurants auf Jersey mit Michelin-Stern. Hier bekommt man sehr gutes Essen, eine großartige Weinauswahl und einen sehr guten Service. Im Bohemia wird auch klassisch britischer „Afternoon Tea" serviert. Normalerweise besteht diese Zwischenmahlzeit aus Sandwiches, Scones, Kuchen, Gebäck und natürlich wunderbarem Tee.
- **La Taverne** ££ <015> 6 York Street, St. Helier, JE2 3XD, Tel. 01534 725190, www.lataverne.co.uk. Ein kleines französisch-italienisches Restaurant am Rande des Stadtzentrums und eine kulinarische Institution auf Jersey.
- **Roseville Bistro** ££ <016> 86 Roseville Street, Beach-End, St. Helier JE2 4PL, Tel. 01534 874259, www.rosevillebistro.co.uk. Kleines, einfaches Bistro mit leckeren Gerichten bei einem sehr guten Preis-Leistungs-Verhältnis. Auf der Karte findet man vor allem viele Fischgerichte wie Jakobsmuscheln, King Prawns oder eine gemischte Meeresfrüchteplatte.
- **Seafish Café 1** ££ <017> Liberty Wharf, The Esplanade, St. Helier JE2 3AS, Tel. 01534 510015. Leckere Fish and Chips, die man im Restaurant genießen, aber auch als Take-away bekommen kann.
- **Soy Seafood & Sushi Bar** ££ <018> 8–10 West Centre, Bath Street, St. Helier JE2 4ST, Tel. 01534 720052, www.soyjersey.com. Asiatisch inspiriertes Lokal unter einheimischer Leitung. Fisch und Meeresfrüchte kommen frisch vom lokalen Markt.
- **Thai Dicq Shack** £ <019> Havre des Pas, St. Helier, Tel. 01534 730273. Einfache Bretterbude am Strand mit ein paar Tischen davor. Allerdings werden hier äußerst leckere und authentische Thai-Gerichte serviert. Ideal zum Chillen und Genießen.

Nachtleben

Wenn man ins Nachtleben auf Jersey eintauchen will, dann tut man dies idealerweise in St. Helier. Hier ist die Auswahl an Lokalen größer als an jedem anderen Ort auf der Insel.

- **Blue Note Bar** <020> 20 Broad Street, St. Helier, JE2 3RR, Tel. 01534 733793, geöffnet: tägl. 11–23 Uhr. Zentral gelegene Bar mit toller Atmosphäre und Livemusik-Abenden.

- **Ce Soir** <021> 10 Caledonia Place, St. Helier JE2 3NG, Tel. 01534 610422, www.cesoirjersey.com. Eine etwas exzentrische Bar mit französischer Küche. Hier kann man an der Bar oder auf der Terrasse einen leckeren Cocktail genießen.
- **Chambers** <022> 5 Mulcaster Street, St. Helier JE2 3NJ, Tel. 01534 735405, www.everyoneschambers.com. Hier gibt es jeden Tag Livemusik. Außerdem bietet der Pub Speisen an und eignet sich perfekt als gemütlicher Treffpunkt am Abend.
- › **The Drift,** The Weighbridge, St. Helier JE2 3NF, Tel. 01534 720511, www.theroyalyacht.com/bars/the-drift. Im Hotel The Royal Yacht (s. S. 22) befindet sich die Drift Bar. Sie bietet ein gemütliches, etwas extravagantes Ambiente für einen Drink.
- **The Lamplighter** <023> 9 Mulcaster Street, St. Helier JE2 3NJ, Tel. 01534 723119, www.facebook.com/TheLamplighterPubJersey/?locale=de_DE. Das Lamplighter ist ein verstecktes Juwel in St. Helier. Gutes Pub-Essen, leckeres Ale aus Cornwall und viele Sorten Whisky machen den Aufenthalt zu einem Vergnügen. Ab und an wird Livemusik gespielt.
- **The Peirson** <024> nahe Royal Square, St. Helier JE2 4WA. Traditionsreicher Pub mit deftiger Küche, der am Royal Square steht. Hier wurde 1781 der Versuch der Einnahme Jerseys durch die Franzosen beendet (s. S. 123).
- **The Porter's Store** <025> Wharf Street, St. Helier, JE4 0ZX, Tel. 01534 880110, www.seymourhotels.com/pomme-dor-hotel/food-drink/the-porters-store, geöffnet: Do.–Sa. 17–1 Uhr. Toller Club mit schöner Einrichtung und sehr leckeren Cocktails.

Einkaufen

Durch die **niedrige Mehrwertsteuer von nur 5%** sind viele Produkte auf Jersey verhältnismäßig günstig. Vielleicht gönnt man sich das Shoppingerlebnis bei einem Stadtbesuch und findet dabei ein paar tolle Mitbringsel aus dem Urlaub.

Die **King Street** ist *die* Shoppingstraße auf Jersey. In den traditionellen Gebäuden befinden sich viele Läden, vor allem Schmuck- und Bekleidungsgeschäfte. Hier kann man schon einmal einen Tag durch das Angebot stöbern und mit vollen Taschen zurückkommen.

- **De Gruchys Department Store** <026> 50–52 King Street, St. Helier JE2 8NN, Tel. 01534 818818. In diesem Kaufhaus findet man Kleidung von Ted Baker bis Tommy Hilfiger und Ralph Lauren.
- **Elizabeth Howell** <027> 3 Burrard Street, St. Helier JE2 4WS, Tel. 01534 608888. Elizabeth Howells Einrichtungsgegenstände und ihre Modelinie überzeugen durch ihre Schlichtheit. Ausgewählte Designermarken.
- **Hettich** <028> 1 King Street, St. Helier JE2 4WF, Tel. 01534 734491, www.hettich.co.uk. Der älteste Schmuckhändler Jerseys mit knapp 120 Jahren Erfahrung bietet Marken von Cartier bis Rolex und eine Diamantsammlung.
- **Jersey Gems** <029> 24 Queen Street, St. Helier JE2 4WD, Tel. 01534 732014, www.jerseygems.co.uk. Einzigartiger handgefertigter Perlenschmuck aus Jerseys Perlenmanufaktur Pearl Factory. Alle Exemplare stammen aus nachhaltigen Züchtungen.
- **Liberty Wharf** <030> Albert House, La Route De La Liberation, St. Helier JE2 3NY, Tel. 01534 720033, www.jersey.com/liberty-wharf, geöffnet: Mo.–Sa. 9–18.30, So. 9–12 Uhr. Das Shoppingcenter Liberty Wharf befindet sich

014je-mjm

zwischen dem Hafen und dem Busbahnhof. Hier erwarten die Besucher mehrere Boutiquen, ein Kaufhaus, Cafés und ein Bistro.

- **Maison de Jersey** <031> 33 King Street, St. Helier JE2 4WF, Tel. 01534 733090, www.maisondejersey.com. In diesem Geschäft für Mitbringsel kann man nach Black Butter, Fudge, Weinen, Cidres und weiteren Leckereien stöbern.
- **Manna Boutique** <032> 7 West Centre Bath Street, St. Helier JE2 4ST, Tel. 01534 619985. Hier kauft man Kleidungsstücke hochwertiger Qualitätsmarken im modernen angesagten Design.
- **Rivoli Jewellers** <033> 21 King Street, St. Helier JE2 4WF, Tel. 01534, 601930, www.rivolijewellers.co.uk. Einheimische Familie, deren Silberschmuck beeinflusst ist von den Gebäuden, Straßenlampen und sonstigem Straßenschmuck der King Street und des Central Market. Im Geschäft befindet sich eine riesige Schweizer Uhr, deren Musik zur vollen Stunde eine kleine Menschenmenge anlockt.
- **Voisins Department Store** <034> 26–32 King Street, St. Helier JE2 8NF, Tel. 01534 837100, www.voisins.com. Kaufhaus, in dem man Marken wie River Island, MAC und Superdry findet.

Rückerstattung der Mehrwertsteuer

Jersey erhebt 5 % Mehrwertsteuer auf Produkte und Dienstleistungen. Ab einem Einkaufswert von £ 300 kann man sich die Mehrwertsteuer zurückerstatten lassen, allerdings gilt dies nur für registrierte Geschäfte. Am besten fragt man im Geschäft vor dem Kauf nach, ob eine Rückerstattung möglich ist. Man füllt den Antrag im Geschäft aus und lässt sich bei Ausreise den Antrag abstempeln. Von zu Hause aus sendet man den Antrag zurück an den Verkäufer und erhält in den folgenden Monaten die Rückerstattung abzüglich einer kleinen Gebühr.

Das Shopping Center Liberty Wharf (s. S. 23) in St. Helier

Wellness

In vielen Hotels gibt es große Wellnessanlagen. Hier ein paar Tipps:

- **AquaSplash** <035> The Waterfront Centre, La Rue De L'Etau, St. Helier JE2 4HE, Tel. 01534 734524, www.aquasplash.je. Eintritt: Erwachsene £ 7,95, Kinder £ 5,85. Diese Einrichtung bietet einen 25 m^2-Pool, einen für die ganze Familie, eine Wellenmaschine, einen Outdoor-Pool, Sauna und Dampfbad. Leider ist das Bad etwas in die Jahre gekommen.
- › **Ayush Wellness Spa** <036> St. Saviour's Road, St. Helier JE1 7XP, Tel. 01534 614171, www.defrance.co.uk/spa, geöffnet: Mo.–Fr. 6.30–20.30, Sa./So. und feiertags 7–19.30 Uhr. Trotz des recht hohen Eintrittspreises ist ein Tag in diesem Spa die ultimative Ruhe und Erholung. Das Spa verwöhnt seine Gäste nach allen Möglichkeiten, ayurvedische Anwendungen sind buchbar. Es gibt einen Pool, ein Dampfbad, einen Whirlpool und jede Menge zu entdecken.
- **Spa Sirène** <037> The Royal Yacht, Weighbridge Place, St. Helier JE2 3NF, Tel. 01534 615425, www.theroyalyacht.com/spa, geöffnet: Mo.–Do. 9–20 Uhr, Fr.–So. 9–18 Uhr. Aufgrund der hohen Nachfrage kann man nur Komplettpakete buchen. Hier kann man sich herrlich erholen mit beheiztem Pool, einer schwedischen Sauna, einem Aromatherapie-Dampfbad, Salzdampfbad und Whirlpool.
- **The Club Hotel & Spa** (s. S. 21), www.theclubjersey.com/the-spa, geöffnet: tägl. 8–20 Uhr. Die schöne Wellnesoase bietet einen unterirdischen Salzwasserpool, einen Außenschwimmbereich, ein Dampfbad und fünf weitere Räume. Man kann erholsame Anwendungen buchen oder sich an einem kühlen Tag das Angebot „Spa & Tea" gönnen.

Der Westen

Nach Westen hin läuft die Insel sanft aus. Ein **7 km langer Sandstrand** schließt Jersey dort ab. Davor erstreckt sich im Inselinnern die wunderschöne Dünenlandschaft Les Mielles 11. Hier hat sich eine **reiche Fauna und Flora** entwickelt, nachdem das Gebiet jahrelang keine Beachtung fand. Die Dünenlandschaft wird von Jerseys National Trust geschützt. Im Sommer brüten hier viele seltene Vögel und man findet mehrere hundert Pflanzenarten vor. Unweit der Dünen kann man der **Orchideenwiese Le Noir Pré** 10 einen Besuch abstatten.

Die Wellen am Strand der **Ouen's Bay** sind ein Paradies für die Surfer und sehr beliebt, auch für die „Nicht-Wellenreiter" ist ein Sonnenuntergang an dieser weiten Küste ein traumhaftes Erlebnis. Aber **Achtung**, die **Strömung** in der St. Ouen's Bay ist nicht ganz ungefährlich. Die beiden Hauptorte sind **Saint Ouen** (s. S. 26) und **Saint Peter** (s. S. 36), beide liegen etwas abseits vom Strand. Neben ihnen grenzt auch die Gemeinde **St. Brelade** (s. S. 49) an die St. Ouen's Bay.

Fährt man von St. Helier (s. S. 14) über St. Brelade in die St. Ouen's Bay, so gelangt man direkt nach St. Brelade nach **La Pulente** (s. S. 101).

Hier sollte man sich ein paar Minuten Zeit gönnen, das Auto abstellen und die wunderbare Natur genießen. Man sieht hinüber zum **La Rocco Tower** 22, der sich im Meer befindet und bei Ebbe zu Fuß erreicht werden kann. Die Bucht erstreckt sich bis **L'Étacq** (s. S. 105), wo ein Weltkriegsbunker steht. In diesem serviert Sean Faulkner frische Meeresfrüchte wie Jakobsmuscheln, Riesengarnelen und Hummer (s. S. 35). Die Küste erstreckt sich weiter in Richtung Norden bis zum **Le Pinacle** ⑮, einem steilen Felsobelisken über dem Meer, der schon früher als Kultstätte diente. Etwas weiter östlich, schon beinahe an der Nordküste, steht **Grosnez Castle** ⑯, ebenfalls ein wunderschöner Ort, gerade bei untergehender Sonne. Unweit von der Küste liegt ein verstecktes Kleinod, der liebevoll angelegte Garten von **Judith Quérée** ⑱.

Saint Ouen

Flächenmäßig ist St. Ouen (sprich: *Wen*) die größte Gemeinde auf der Insel Jersey. Sie umfasst den gesamten Nordwesten der Insel. Zum Gebiet gehört die **St. Ouen's Bay** mit dem langen und großartigen Strandabschnitt. Die Familie de Carteret stammt aus dieser Gemeinde. Sie war über Jahrhunderte dem Königshaus treu ergeben. So nahmen sie im Englischen Bürgerkrieg (1642–1649) den jungen Prinz Charles, den späteren König Charles II., bei sich auf.

⑧ Saint Ouen's Manor ★ [C3]

St. Ouen's Manor ist das **Anwesen der Familie de Carteret** in der Nähe von St. Ouen. Es handelt sich um ein beeindruckendes normannisches Bauwerk aus dem 12. Jahrhundert. **Leider kann es genau wie die Gärten nicht besichtigt werden.**

Die Familie de Carteret war zweifelsohne sehr bedeutend. Sie stammt aus der Kleinstadt Carteret an der französischen Küste fast direkt gegenüber von Jersey. Ihr Eigentum bei St. Ouen war zunächst nur ein entferntes Anhängsel ihrer größeren Besitztümer in der Normandie. Ein Mitglied des Clans wurde zum Ritter geschlagen, ein anderer kämpfte im ersten Kreuzzug in Jerusalem. Als König John 1204 die Normandie verlor, entschied sich Renaud de Carteret für die Treue zu England und verlor seine

015je-mjm

Besitztümer in der Normandie. **Jahrhundertelang prägten die de Carterets die Geschicke Jerseys.** Neun Gouverneure, 15 Bailiffs (höchster Zivilbeamter der Insel), neun Justizminister und 48 Jurats (Laienrichter) stellte die Familie. Lady Diana Spencer, die spätere Frau von Prinz Charles, heute König Charles III., stammte direkt von der Familie ab.

› St. Ouen's Manor JE3 2HR. Anreise von St. Helier nach St. Peter, weiter die A12 entlang nach Nordwesten, dann links in die Straße Rue du Manoir.

9 Saint Ouen's Parish Church ★ [C3]

Die Kirche von St. Ouen steht in der historischen Dorfmitte von St. Ouen direkt oberhalb der Sanddünen. Vom Turm blickt man auf das Meer, früher hielten die Bewohner des Ortes wohl nach gestrandeten Schiffen Ausschau.

Patron der Kirche ist **Saint Ouen de Rouen.** 609 wurde Ouen (Audoenus) im französischen Sancy in eine gallisch-römische Familie hineingeboren und starb am 24.8.683 in Clichy-la-Garenne. An diesem Tag wird der Festtag des Heiligen begangen.

Der Bau der **Kirche** begann 1066. Man geht davon aus, dass bereits zuvor an dieser Stelle eine kleine, einfache Kapelle stand. Im 12. Jahrhundert übergab Philippe de Carteret die bis dahin noch kleinere Kirche an die Abtei Mont St. Michel, die sie deutlich erweiterte. Im 16. Jahrhundert wurde die Kirche wie viele andere auf der Insel hugenottisch. Deshalb drehte man die Kirchenbänke um, sodass sie fortan zum Altar blickten. Im 19. Jahrhundert wurde sie anglikanisch und einige Glasfenster kamen hinzu.

› La Ville de l'Eglise, St. Ouen JE3 2LR. Anreise von St. Helier nach St. Peter, weiter die A12 entlang nach Nordwesten, dann links in die Straße Rue du Manoir, bald darauf nochmals links in die Straße La Ville de l'Eglise.

016je-mjm

10 Le Noir Pré ★★ [B3]

Nahe der Straße, die an der St. Ouen's Bay entlangführt, befindet sich Le Noir Pré, eine **Wiese mit drei verschiedenen Orchideenarten**, die insbesondere im Frühjahr auf der Insel blühen. Dabei handelt es sich um das Übersehene Knabenkraut *(Dactylorhiza praetermissa)*, Fuchs' Knabenkraut *(Dactylorhiza fuchsii)* und die Jersey-Orchidee *(Anacamptis laxiflora)*. Der National Trust Jersey hat einen kleinen Rundweg über die Wiese angelegt und pflegt das märchenhafte Örtchen liebevoll.

Kanone aus dem Zweiten Weltkrieg an der Westküste

Im Orchideenparadies Le Noir Pré 10

› Anreise von St. Helier nach St. Peter, kurz weiter die A12 entlang nach Nordwesten, links in die Straße Rue de l'Eglise am Flughafen entlang. Bei Les Mielles nach rechts und die Straße Rue du Val de la Mar entlang und links in den Chemin de l'Ouziere. Parken am Straßenrand.

11 Les Mielles ★★★ [B4]

Das **Dünengebiet** Les Mielles erstreckt sich über weite Teile der Westküste. Starke Winde wehen den Sand von der Küste herüber, der sich vor der folgenden Anhöhe ablagert.

Lange Zeit hatte man kein großes Interesse an dem scheinbar trostlosen, unfruchtbaren Gelände. Heute stehen die Dünen unter Naturschutz und es konnte sich eine **wunderbare Tier- und Pflanzenwelt mit vielen seltenen Arten** entwickeln. Insbesondere am **St. Ouen's Pond** mit dem **Wetland Center** – einem kleinen See, der vom National Trust Jersey bewacht wird – brüten viele seltene Vogelarten.

› Anreise von St. Helier nach St. Peter, dort links in die L'Avenue de la Reine Elizabeth II, links in die Straße Rue de l'Eglise am Flughafen entlang. Dann rechts hinunter in die St. Ouen's Bay. Parken an einem der Strandparkplätze.

In der Dünenlandschaft findet man auch **Menhire** (siehe rechts) wie den Broken Menhir. Entlang der Bucht stehen einige Martello-Türme (s. S. 70) wie der **Lewis Tower** oder der **Kempt Tower.** Beide können von Jersey Heritage als rustikale Ferienunterkünfte gemietet werden. Der Kempt Tower entstand 1834 und wurde nach einem von Wellingtons Generalen in Waterloo benannt. Der Lewis Tower wurde ein Jahr später errichtet und diente ebenfalls der Verteidigung Jerseys gegen die Franzosen.

KURZ & KNAPP

Menhire

Das Wort stammt aus dem Bretonischen und bedeutet „langer Stein". Diese einzelnen, senkrecht aufgestellten, riesigen Steine entstanden ab 3000 v. Chr. zu einer Zeit, in der vermutlich soziale und religiöse Veränderungen stattfanden. Menhire dienen mutmaßlich kalenderbezogenen, also sonnenstandsbezogenen Kultzwecken.

› **Lewis Tower** ££ <038> Tel. 01534 633304, www.jerseyheritage.org/stay/heritage-lets/lewiss-tower. Übernachtungsmöglichkeit für 24 Personen in dem historischen Turm. Kein fließendes Wasser, öffentliche Toiletten in der Nähe (24 Stunden geöffnet).

› **Kempt Tower** ££££ <039> Tel. 01534 633304, www.jerseyheritage.org/stay/heritage-lets/kempt-tower. Schöne Übernachtungsmöglichkeit für 12 Personen. Gut ausgestattet mit Ofen, Kühlschrank, Geschirrspülmaschine, Heizung und Waschmaschine.

An der Küste steht das „Weiße Cottage" **La Caumine à Marie Brest.** Das im Jahre 1790 gebaute Haus steht zentral in der St. Ouen's Bay und wurde komplett weiß gestrichen. Es diente den Seglern als Referenzpunkt. Heute ist es ein tolles Fotomotiv.

12 Grande Route des Mielles ★★ [B4]

Diese Straße verläuft von Les Laveurs an die Grenze von St. Peter (s. S. 36) und St. Brelade (s. S. 49), wo aus ihr die Route de la Pulente wird. Sie ist auf Jersey als **„Five Mile Road"** bekannt, obwohl sie in Wahrheit nur etwas über drei Meilen (knapp 5 km) lang ist. Sie ist die

017je-mjm

längste gerade verlaufende Straße auf Jersey. Sensationell ist das **Panorama** bei einer Fahrt von Süd nach Nord. Die fehlenden Kurven sollten allerdings nicht zum Rasen verleiten. Es gibt eine Geschwindigkeitsbegrenzung, die auch regelmäßig kontrolliert wird.

1855 wurde die Genehmigung erteilt, die Straße zu militärischen Zwecken zu bauen. In Karten aus dem Jahr 1867 ist sie bereits eingezeichnet. Sie veränderte St. Ouen's Bay entscheidend: War die Gegend zuvor eher ländlich geprägt und wenig besiedelt, konnte man endlich die Bucht problemlos erreichen. Zu Beginn des 20. Jahrhunderts erkannten Einheimische und Touristen die Naturschönheiten der Sanddünen, des Strands und die perfekten Bedingungen zum Surfen.

In St. Ouen's Bay eröffnete Nigel Oxenden 1923 **Europas erste Surfschule „Island Surf School of Jersey"** und zementierte damit die bis heute bestehende Verbindung zwischen der Bucht und den Surfern.

13 Channel Islands Military Museum ★ [B3]

Das Museum ist in einem ehemaligen deutschen Bunker im nördlichen Bereich der St. Ouen's Bay untergebracht. Gezeigt werden Objekte aus der deutschen Besatzungszeit, die von einem Privatsammler ausgestellt werden. Man kann hier unter anderem einige Seiten der Deutschen Inselzeitung, Uniformen, Funkgeräte und Motorräder besichtigen.

› La Grande Route des Mielles, St. Ouen JE3 2FN, Tel. 07797 732072, Facebook (The Channel Island Military Museum), Eintritt: Erwachsene £8, Kinder ab 5 Jahren £5, geöffnet: April–Okt. tägl. 10–17 Uhr

14 Les Monts Grantez ★ [B3]

Etwas östlich im Inselinnern liegt dieser **gut erhaltene Dolmen** (s. S. 32) mit Gang. Das Grab stammt aus dem Neolithikum (4000–

Der kleine See St. Ouen's Pond im Dünengebiet Les Mielles

3250 v. Chr.). Der Dolmen besteht aus einer Passage von großen, hochkant aufgestellten Granitblöcken, die in eine ovale Kammer führen. An der Nordseite gibt es eine kleine Seitenkammer, beide Kammern besitzen heute noch ihren Deckstein.

Der Dolmen wurde 1839 entdeckt und 1912 von der Société Jersiaise ausgegraben. Dabei fand man die **Skelette** von sechs Erwachsenen und einem Kind. Die Skelette in der Hauptkammer lagen alle in einer seitlich hockenden Position. Man fand jede Menge Napfschnecken-Gehäuse, Knochen und Zähne von Kühen, Pferden, Schweinen, Wild und zahlreiche farbenfrohe Kieselsteine. Ein weiteres Skelett wurde in einer sitzenden Position im Eingangsbereich der Kammer gefunden, eine neunte Person in der Seitenkammer.

› Anreise von St. Helier nach St. Peter, weiter die A12 entlang nach Nordwesten, dann links in die Straße Rue du Manoir, bald darauf rechts in die Rue de Grantez. Wenig später in dcn Chemin des Monts abbiegen. Parken am Straßenende.

15 Le Pinacle ★★ [A2]

Von Grosnez Castle 16 kann man auf einem einfachen Wanderweg entlang der Klippen zum **Felsen** Le Pinacle spazieren (siehe auch Wanderung 1, S. 104). Der über 60 m hohe Felsen ragt wie ein Menhir (s. S. 28) über der Küste in den Himmel. Er war in vergangenen Jahrhunderten eine wichtige Kultstätte, weshalb er eine **bedeutende archäologische Stätte** an Jerseys Nordwestküste darstellt, die wohl zu verschiedenen prähistorischen Zeiten bewohnt war.

Zwei Wälle konnte man auf die Zeit des Neolithikums datieren, einen dritten in die Bronzezeit. Man fand sechs Eisenstücke, die auf eine Besiedelung in der Eisenzeit hindeuten. Zur Zeit der Römer errichtete man hier einen gallisch-römischen Tempel mit einer Fläche von 11,2 m x 9,15 m.

Blick auf Le Pinacle von der Nordküste aus

Man fand hier Feuersteine, Hämmer, Poliersteine, eine bronzene Pfeilspitze, eine bronzene Speerspitze und eine römische Münze.

Der Fels hatte wohl schon sehr lange eine **mystische Wirkung auf Menschen.** Heute kann man hier die Natur genießen und ein Gefühl für die frühen Bewohner entwickeln.

Am Weg vom Grosnez Castle zum Felsen passiert man einen **Wachturm aus der Zeit der deutschen Besetzung.**

› Anreise von St. Helier über St. Peter und St. Ouen auf der A12 nach Nordwesten. In St. Ouen geradeaus entlang der Route de Vinchelez, die später zur Rue de Val Bachelier wird. Mit der Hauptstraße nach links abbiegen in die Route de Grosnez (nicht zum Grosnez Castle abbiegen). Bald rechts in den Chemin des Landes und am Ende der Straße parken.

16 Grosnez Castle ★★★ [A1]

Ein traumhafter Ort: Direkt über den Klippen steht die **Ruine** von Grosnez Castle. Die Nachbarinseln Guernsey, Sark, Herm und Jethou scheinen hier zum Greifen nah. Erbaut wurde Grosnez Castle um 1330 zum Schutz vor den Franzosen. Die Burg war auf drei Seiten von Felsklippen umgeben und deshalb praktisch uneinnehmbar. Da sie allerdings keine eigene Wasserquelle besitzt, wurde sie bald aufgegeben. Schon im 16. Jahrhundert verfiel die Burg zu einer Ruine. Heute stehen noch der **Torbogen** und ein paar **Mauern.** Unterhalb der Burg befindet sich **Grosnez Point** mit einem kleinen **Leuchtturm.**

MEIN TIPP

Sonnenuntergang am Grosnez Castle

Grosnez Castle 16 thront märchenhaft über dem Meer. Gerade bei Sonnenuntergang genießt man hier oben einen zauberhaften Blick in die Ferne. Daher sollte man sich diesen besonderen Augenblick an der verfallenen Burg unbedingt gönnen. Vielleicht kann man ja sogar einen Delfin beobachten.

› Anreise von St. Helier über St. Peter und St. Ouen auf der A12 nach Nordwesten. In St. Ouen geradeaus entlang der Route de Vinchelez, die später zur Rue de Val Bachelier wird. Nun nach rechts abbiegen, Beschilderung Richtung Grosnez Castle. Am Ende der Straße parken.

Traumhaft schön: Sonnenuntergang am Grosnez Castle

020je-mjm

Dolmen

Erst im 18. Jahrhundert entstand dieses Wort als Schöpfung aus den bretonischen Begriffen „dol" für Tisch und „men" für Stein. Mehrere senkrecht nebeneinander aufgestellte Steine bilden die Wände des Dolmens. Der Grundriss ist entweder rund oder vieleckig. Kennzeichnend ist der große Deckstein, manchmal sind es auch zwei Steine. Darüber errichtete man üblicherweise einen Hügel aus Erde und Steinen. Man vermutete, dass es sich bei den Dolmen um Opfertische handelte. Allerdings belehrten Funde von Schmuck und Gebrauchsgegenständen die Forscher eines Besseren: Dolmen waren Grabanlagen. Im Laufe der Zeit wurden diese Gräber deutlich größer und komplizierter angelegt, oft auch, um mehreren Menschen Platz zu bieten. Manchmal gibt es neben der Hauptkammer noch weitere Seitenkammern, von denen man vermutet, dass sie später hinzugefügt wurden. Wahrscheinlich dienten die Kammern auch als Versammlungs- und Kultstätten. Die großen Ganggräber auf den Kanalinseln wurden zwischen 3250 und 2850 v. Chr. verschlossen und in der Folge vergessen. Vermutlich kam es zu jener Zeit zu gesellschaftlichen und religiösen Veränderungen, denn danach wurden nur noch kleinere Gräber gebaut.

Grosnez hat den Historikern schon immer Rätsel aufgegeben. Bereits in Karten aus dem Jahr 1540 wurde Grosnez als Ruine bezeichnet. Die Burg wird seltsamerweise nicht im Überblick des Eigentums der Krone genannt. Trotzdem ist es unvorstellbar, dass es von einer Privatperson erbaut oder sogar besessen wurde, ohne über eine Lizenz der Krone zu verfügen. Da St. Ouen's Manor bis 1483 nicht befestigt werden durfte, nutzte die Familie de Carteret (s. S. 26) Grosnez Castle wahrscheinlich als **Rückzugsort in gefährlichen Zeiten.** Ausgrabungen deuten darauf hin, dass Grosnez nicht einfach verfallen ist, sondern absichtlich zerstört wurde, möglicherweise als Folge der Befreiung von den Franzosen 1468, die diesen Punkt bis dahin aufgrund der strategisch guten Position besetzt hielten. Der Name stammt wahrscheinlich noch von den Wikingern. *Nes* bedeutet Landzunge, *grjot* Felsen, was man ins Französische mit Grosnez übertrug. Ins Englische übersetzt bedeutet der Name „Rocky Point".

17 Dolmen des Géonnais ★ [C2]

Der Dolmen befindet sich im Norden der Insel in Küstennähe. Er wurde 1929 entdeckt und hat leider keinen Deckstein mehr. Spätere Ausgrabungen ergaben, dass die Kammer in zwei Abschnitten gebaut wurde. Die Anlage ist zwar nicht die am besten erhaltene Megalithanlage auf der Insel, es handelt sich aber um einen recht hübschen Ort in Meernähe, an dem es sehr ruhig zugeht und wo den Besucher eine märchenhafte Atmosphäre empfängt.

› Anreise von St. Helier über St. Peter und St. Ouen auf der A12 nach Nordwesten. In St. Ouen geradeaus entlang der Route de Vinchelez, dann nach rechts abbiegen in die Rue des Géonnais. Am Ende der Straße parken.

18 Judith Quérée Garden ★★★ [C2]

Diese wunderschöne Anlage ist ein verstecktes Kleinod: Am Ende einer kleinen Straße bei Leoville befinden sich das **romantische Sandsteinhäuschen und der liebevoll gepflegte Garten.** Auf 1000 m² kann man eine riesige Vielfalt an verschiedenen Pflanzen bestaunen. Insgesamt findet man hier bis zu 1500 Pflanzenarten. Besonders schön ist auch der schattige Sumpfgarten mit seinen zahlreichen Lilien- und Irisarten. Mitten im Garten steht das 400 Jahre alte Cottage, das von den Inhabern mit viel Liebe restauriert wurde.

› Le Chemin des Garennes, Leoville, St. Ouen JE3 2FE, Tel. 01534 482191, www.judithqueree.com, Besichtigung für Einzelpersonen Mai–Sept Mo.–Fr. 10–16 Uhr, Gruppen müssen sich vorher anmelden

Strände

Ein Paradies für Surfer und Wellenreiter sind die weiten **Sandstrände von St. Ouen's Bay.** Als Schwimmer sollte man sich unbedingt zwischen den gekennzeichneten Flaggen aufhalten, die Strömungen können recht tückisch sein. Bei Ebbe ist der weite Strand ideal für ausgedehnte Strandspaziergänge, bei Flut reicht das Wasser bis zur Hafenmauer oder spritzt bei heftigen Wellen manchmal sogar darüber hinaus. Hier trifft man sich das gesamte Jahr über, vor allem zum Surfen. Viele britische und europäische Surfmeisterschaften werden in der St. Ouen's Bay ausgetragen.

› **St. Ouen's Bay** <040> Toiletten, Erste Hilfe, Cafés und Restaurants, Rettungsschwimmer

Plémont Bay ist eine wunderschöne Badebucht im Norden von St. Ouen. Über Stufen geht man hinunter zum fantastischen Sandstrand, der bei Ebbe mit seinen hübschen Gumpen gut für Kinder geeignet ist und an dem es auch begehbare Höhlen gibt. Oberhalb der Stufen befindet sich ein großartiges Café, von dem man

Zauberhaft: der Judith Quérée Garden

021je-mjm

eine prächtige Aussicht auf die Bucht hat. Die Zufahrt ist relativ schmal, besser am oberen Parkplatz parken oder zu Fuß hinunterwandern. Auch mit dem Bus ist der Parkplatz von St. Helier erreichbar. Bei Flut kann der Strand aufgrund des tosenden Meers nicht betreten werden. Die Rettungsschwimmer achten sehr streng darauf, dass dann niemand zu weit nach unten geht. An Tagen mit rauer See ist der Strand bei Surfern beliebt.

Bis 1939 waren hier Sandaale die Hauptattraktion, die man bei nächtlichen Ausflügen fing. Danach ersetzte der Tourismus das Fischen: Seit viktorianischer Zeit üben die leicht erreichbaren Höhlen Faszination auf Besucher und Einheimische aus. Jerseys Elite kletterte die Stufen und Brücken in ihren besten Sonntagsgewändern hinunter, die Damen wurden auf den Rücken der Männer durch die Gumpen getragen, die sich vor den Höhlen im Sand formiert hatten.

› **Plémont Bay** <041> Toiletten, Café, Rettungsschwimmer

Unterkünfte

› **Discovery Bay Apartments** ££ <042> Gd. Route des Mielles, JE3 7FN, https://discoverybay.traveleto.com. Mehrere gut ausgestattete Apartments am Sandstrand in der St. Ouen's Bay in verschiedenen Größen.

› **Les Ormes Resort** £££ <043> Mont a La Brune, St. Brelade JE3 8FL, Tel. 01534 497028, www.lesormesjersey.co.uk. Diese Ferienhaussiedlung steht mitten in den Dünen von St. Ouen's Bay. Die Bungalows bieten vier bis sechs Personen Platz und liegen wunderschön am Meer. Kein Frühstück.

› **The Altantic Hotel** ££££ <044> Le Mont de La Pulente, St. Brelade JE3 8HE, Tel. 01534 744101, www.theatlantichotel.com. Eines der besten Hotels auf der Insel südlich von St. Ouen's Bay bei La Pulente. Das Hotel steht offiziell auf dem Gemeindegebiet von St. Brelade, wird aber hier beschrieben, da es sich an der Westküste befindet.

› **The Barge Aground** ££££ <045> St. Ouen's Bay, www.jerseyheritage.org/holiday/barge-aground. Das direkt am Strand stehende Cottage hat eine etwas eigenwillige Form. Es gehört zu den historischen Gebäuden, die von Jersey Heritage vermietet werden. Frühstück nicht inklusive.

In der Plémont Bay kommt bei Ebbe ein wunderschöner Badestrand zum Vorschein

022je-mjm

023je-mjm

The Barge Aground kann von Jersey Heritage gebucht werden

Essen und Trinken

› **Le Braye** ££ <046> La Grande Route des Mielles, St. Ouen's Bay, St. Brelade JE3 8FN, Tel. 01534 481395, www.lebraye.com. Das Restaurant befindet sich direkt am Strand von St. Ouen's Bay und bietet am Abend spektakuläre Sonnenuntergänge mit Blick zum La Rocco Tower 22. Es gibt eine schöne Terrasse, auf der man bei gutem Wetter essen kann. Die Speisen sind sehr lecker. Ideal nach einem gemütlichen Spaziergang durch die Sanddünen von Les Mielles.

› **Sands Jersey** ££ <047> La Grande Route des Mielles, St. Ouen JE3 2FN, Tel. 01534 481705, geöffnet: tägl. 8.30–15.45 Uhr. Wunderschöne Lage am Strand. Hier kann man beim Essen das Meeresrauschen genießen. Gute, frisch zubereitete Speisen und aufmerksamer Service.

› **The Line Up** (s. S. 39). Mobiler Strandkiosk mit Fast-Food an der St. Ouen's Bay, der häufig sehr gut besucht ist. Ideal für den schnellen Hunger.

MEIN TIPP

Meeresfrüchte-Barbecue

An dem ehemaligen Bunker bei L'Étacq grillt Sean Faulkner mit seinem Team frische Meeresfrüchte. Einmal sollte man sich das Erlebnis gönnen und frische Jakobsmuscheln, Shrimps oder sogar einen Hummer probieren. Allerdings muss man etwas Zeit mitbringen, es wird schließlich alles frisch gegrillt.

› **Faulkner Fisheries** ££ <050> The Vivier, La Route des Havres, St. Ouen JE3 2FA, Tel. 01534 483500, www.faulknerfisheries.com, geöffnet: Di.–Sa. 12–15 Uhr

Einkaufen

› **Jersey Pearl** <048> La Grande Route des Mielles, St. Ouen JE3 2FN, Tel. 01534 862137, www.jerseypearl.com, geöffnet: tägl. 9.30–16.30 Uhr. Direkt am Beginn der langen Straße der St. Ouen's Bay befindet sich dieser Schmuckladen. Selbst wenn man nichts kaufen will, lohnt sich ein Besuch, um die Ausstellung zu bewundern und einen Cream Tea (s. S. 115) im angeschlossenen Jersey Pearl Café zu genießen.

Aktivitäten

› **Valley Adventure Center** <049> Les Ormes Golf & Leisure Village Mont a la Brune, JE3 8FL, Tel. 01534 638888, www.valleyadventure.je, geöffnet: tägl. 9–17 Uhr. Freizeitcenter mit Hochseilgarten und weiteren spannenden Angeboten.

Saint Peter

Die Gemeinde St. Peter erstreckt sich über Teile des westlichen Inselinnern, auch wenn es zwei kleine Zugänge zum Meer gibt. Diese befinden sich an einem kleinen Teil der St. Aubin's Bay im Süden und an der St. Ouen's Bay in der Nähe des La Rocco Tower 22. Daher ist St. Peter die einzige Gemeinde auf Jersey mit zwei Küstenlinien. Durch den Ort verläuft die A12. Kommt man auf Jersey mit dem Flugzeug an, so landet man in St. Peter, wo sich der Flughafen befindet. Viel reizvoller als der Ort selbst ist dessen Umgebung.

025je-mjm

19 Saint Peter's Parish Church ★ [D4]

Der **Turm** der Kirche im Ortszentrum von St. Peter ist mit 37 Metern der **höchste der Insel.** Eine erste Kirche stand hier bereits 1053, im Lauf der Zeit wurde sie vergrößert. Das Granitgewölbe des Gotteshauses ist besonders kunstvoll gestaltet. Zu Beginn konnte man wohl eher von einer Kapelle mit einer Tür nach Süden und nach Norden sprechen, gegen Ende des 12. Jahrhunderts war sie bereits ein bedeutendes Gebäude. Das Kirchenschiff wurde an die bestehende Kirche angebaut. Die Querschiffe wurden ebenfalls angebaut, sodass die Kirche eine Kreuzform hatte, einen Altarraum, ein Mittelschiff und Querschiffe sowie einen Turm an der Kreuzung. Der beeindruckend hohe Kirchturm, der heute die Szenerie prägt, kam erst im 15. Jahrhundert dazu.

Die Kirche ist das älteste Gebäude von St. Peter. In alten Karten steht noch „St. Peter in the Desert Church". Unterhalb des Turms fand man Fundamente einer noch älteren Kapelle.

› Anreise von St. Helier nach St. Peter, am Supermarkt nach links abbiegen in die Rue de l'Eglise

20 Saint Peter's Valley ★★ [E4]

Eine der schönsten Gegenden im Inselinnern ist das St. Peter's Valley. Auch wenn eine der Hauptverkehrsstraßen der Insel durch das Tal verläuft, lohnt es sich, das romantische Tal auf einem gut ausgebauten Fahrrad- und Wanderweg zu erkunden.

Saint Peter's Parish Church mit dem höchsten Kirchturm der Insel

Entlang der Straße standen einst acht Mühlen, weshalb die Straße ursprünglich „Le Chemin des Moulins" hieß.

Die Mühlen des Tals datieren bis ins 13. Jahrhundert zurück. In Aufzeichnungen über Zahlungen an den König aus dem Jahr 1274 wird **Tesson Mill** genannt. Andere Mühlen waren Quétivel (21), Gargate, Tostin und Gigoulande, die sich ebenfalls zu dieser Zeit in Betrieb befanden. In Karten von 1849 kann man lesen, dass Tesson Mill dem Kaufmann Philip Pellier gehörte. Unruhen brachen aus, da der Brotpreis gestiegen war. Ein Mob zog zur Mühle und sang „Cheaper bread or Pellier's head" („günstigeres Brot oder Pelliers Kopf"). Später wurde die Mühle verkauft und in der Folge übernahm sie die Jersey New Waterworks Company. Lange wurde sie nicht mehr als Mühle genutzt, bis sie die deutschen Besatzer wieder in Betrieb nahmen. Die Mühle wurde 1996 vom National Trust restauriert. Das Tal wirkt mit seinen vielen Bäumen besonders grün. Ab und zu findet man schön blühende Rhododendren zwischen den Bäumen.

Über die Jahre eröffnete eine Reihe von Gasthäusern im Tal. Das bekannteste ist das **Victoria Hotel,** das heute als „Victoria in the Valley" bekannt ist (s. S. 39). Der Name stammt aus einer Zeit, als Königin Victoria 1859 Jersey einen informellen Besuch abstattete. Damals fuhr man sie in einer Kutsche durch das Tal, und sie war verzaubert von der Schönheit der Natur.

(21) Moulin de Quétivel ★ [E4]

Die **alte Wassermühle** Moulin de Quétivel im St. Peter's Valley wird heute vom National Trust unterhalten. Hier kann man eine Ausstellung über Mühlentechniken besichtigen. Neben der Mühle befindet sich ein kleiner Kräutergarten.

Bereits 1309 gab es hier eine Wassermühle, die sich im Besitz der Krone befand. In den folgenden Jahrhunderten wurde sie mehrfach umgebaut. Das heutige Gebäude stammt aus dem 18. Jahrhundert, einer Zeit, die man als „Hochzeit der Mühlen auf Jersey" bezeichnen kann. Hier wurde Weizen aus Osteuropa verarbeitet, das gewonnene Mehl wurde bis in die Vereinigten Staaten und nach Kanada exportiert. Zu Beginn des 20.

Die Moulin de Quétivel im St. Peter's Valley

026je-mjm

Jahrhunderts legte man die Mühle still und nahm sie während der deutschen Besatzung nochmals kurz in Betrieb. Der National Trust restaurierte die Mühle 1978, seitdem mahlt sie wieder regelmäßig und man kann ihr einzigartiges Mehl kaufen.

› Le Mont Fallu, St. Peter JE3 7EF, www.nationaltrust.je/project/le-moulin-de-quetivel, Mai–Ende Sept. Mo.–Fr. 10–13 Uhr, Erwachsene £ 3, Kinder £ 1

22 La Rocco Tower ★★ [B5]

La Rocco Tower ist einer der ehemaligen Martello-Türme (s. S. 70) der Insel. Er wurde im 18. Jh. auf einer kleinen Felsinsel gebaut und kann bei Ebbe zu Fuß erreicht werden. Am besten nimmt man an einer geführten Wattwanderung teil. Seinen Namen erhielt der Turm von der Insel *(Rocque-hou),* auf der er steht. Kurz nach Ende des Zweiten Weltkriegs wurde er beschädigt, in den 1970er-Jahren dann renoviert. Der Turm kann von bis zu sechs Personen für eine sehr rustikale Übernachtung gebucht werden (siehe Website), eine Besichtigung ist nicht möglich.

› **Jersey Heritage,** www.jerseyheritage.org/stay/heritage-lets/la-rocco-tower

Unterkunft

› **Greenhills Country House Hotel** £££ <051> St. Peter's Valley, Le Mont de l'Ecole, St. Peter JE3 7EL, Tel. 0845 8005555, www.seymourhotels.com/greenhills-hotel. Ein schönes Landhotel, etwas abseits von St. Peter's Valley in einem Granithaus aus dem 17. Jahrhundert. Ein gemütlicher, schöner Garten mit Swimmingpool lädt zum Erholen ein. Sehr gutes Restaurant mit tollem Service.

Essen und Trinken

› **The Sir George Carteret** ££ <052> La Grande Route de St. Pierre, St. Peter JE3 7AZ, Tel. 01534 485319, www.randalls-jersey.co.uk/the-sir-george-carteret. Einfaches, gemütliches Restau-

Leckere Muscheln in Thai-Sauce im Sir George Carteret

027je-mjm

rant mit Pub-Atmosphäre in St. Peter. Hier findet man viele leckere Gerichte – vom Fisch bis zum Burger. Unbedingt die Muscheln in Thai-Sauce probieren, es gibt sie als Vor- und Hauptspeise.

› **Victoria in the Valley** £ <053> Saint Peter's Valley, St. Peter JE3 7EG, Tel. 01534 485498, https://thevictoria.je. Das Restaurant in St. Peter's Valley mit angeschlossenem Pub ist sehr gemütlich. Im Sommer kann man schön auf der Terrasse sitzen, auch wenn die Straße direkt am Haus vorbeiführt. Hier bekommt man typische, leckere Jersey-Gerichte. Das Lokal befindet sich direkt an einer Kurve im Tal und ist nicht zu übersehen.

Einkaufen

› **Catherine Best** <054> The Windmill, Les Chenolles, St. Peter JE3 7DW, Tel. 01534 485777, www.catherinebest.com, geöffnet: Mo.–Sa. 9–17.30, So. 9.30–17 Uhr. Preisgekröntes Juweliergeschäft, das sich in einem Gebäude mit einer markanten Windmühle befindet.

Nachtleben

› **The Watersplash** <055> La Grande Route des Mielles, St. Peter JE3 7FN, Tel. 01534 482885, www.watersplashjersey.com, geöffnet: Mo. 11–13, Di.–Do., So. 9.30–17, Fr./Sa. 9.30–18 Uhr. Treffpunkt der Surfer. Bietet Frühstück, Mittag- und Abendessen. Gleichzeitig Bar und Nachtclub mit Events.

Aktivitäten

› **aMaizin Adventure Park** <056> La Hougue Farm, La Gd Rte de Saint-Pierre, JE3 7AX, Tel. 01534 482116, geöffnet: Di.–So. 10–17.30 Uhr, Eintritt: £14 für Erwachsene und Jugendliche ab 14 Jahren, £10 für Kinder. Schöner Indoor- und Outdoor-Spiel- und Freizeitpark, gerade für kleinere Kinder sehr interessant.

Meine Tipps

Bei Ebbe über den Strand wandern

Bei Ebbe kann man kilometerweit mitten durch die St. Ouen's Bay wandern. Unterwegs kommt man am Imbiss „The Line Up“ vorbei. Man wandert dann immer in Richtung La Rocco Tower 22. Zum Turm kommt man aber nur bei starker Ebbe, da direkt vor dem Turm noch ein tiefer Priel verläuft. Im Turm kann auch übernachtet werden, da er zu den Gebäuden von Jersey Heritage gehört. Man kann weiter bis La Pulente laufen und von dort mit dem Bus zurückfahren.

› **The Line Up** <057> Port de la Mar, La Grande Route de Mielles, St. Peter JE3 7FN, www.facebook.com/thelineupjersey

Entspannt auf einen Tisch warten

Die El Tico Beach Cantina ist im Sommer ausgesprochen beliebt. Dementsprechend muss man oft etwas länger auf einen Tisch warten (Reservierungen sind im Sommer leider nicht möglich). Es gibt aber deutlich schlimmere Situationen, als auf einem Liegestuhl vor dem Restaurant mit grandiosem Blick auf das Meer auf seinen freien Tisch zu warten. Wenn man sich dabei noch ein kühles Liberation Ale gönnen kann, ist die Wartezeit bis zum Hauptgang fast schon ein Genuss. Die entspannte, lockere Atmosphäre, gepaart mit leckerem Essen, haben dem Restaurant inzwischen Kultstatus beschert.

› **El Tico Beach Cantina** ££ <058> La Grande Route des Mielles, St. Peter JE3 7FN, Tel. 01534 482009, www.elticojersey.com, geöffnet: im Sommer Mo.–Sa. 5–21, So. 5.30–20.30, im Winter Di.–Sa. 5–8.30, So. 5.30–19.30 Uhr

Der Süden

Weite Sandstrände, pittoreske Orte – bei Süd-Jersey handelt es sich um die bei den Touristen beliebteste Seite der Insel. Mit **St. Aubin** (s. S. 43) und **St. Brelade** ㉛ befinden sich hier zwei lohnende Urlaubsorte mit sehr unterschiedlichem Charakter. Im Landesinneren liegen **St. Lawrence** (siehe unten) und das schöne **Waterworks Valley** ㉔.

Saint Lawrence

St. Lawrence liegt im Inselinnern und ist von vielen Wäldern umgeben. Die Gemeinde reicht im Süden zwar bis zur St. Aubin's Bay (s. S. 43), da man diesen Teil der Bucht aber nur auf der Straße passiert, hat sie für den Ort keine touristische Bedeutung. Dafür gibt es in unmittelbarer Umgebung zum Ort **lohnenswerte Sehenswürdigkeiten.** Ein ehemaliger Bauernhof wurde in das **Hamptonne Country Life Museum** ㉖ umgestaltet. Westlich des Ortes liegen die **Jersey War Tunnels** ㉕, eine beeindruckende, wenn auch beklemmende Sehenswürdigkeit. Durch das Waterworks Valley ㉔ führt die Straße vorbei an einigen **Stauseen,** dem Wasserreservoir Jerseys.

Es gibt zwei anglikanische Kirchen in der Gemeinde. Abgesehen von der Gemeindekirche ist besonders **St. Matthew's Glass Church** ㉓ in Millbroock interessant. Die Glaskirche in der Nähe von St. Aubin's Bay überrascht mit ihrer besonderen Ausstattung.

1646 befahl Sir George de Carteret allen Familienoberhäuptern, das **Manifest des Etats de l'Ile de Jersey** zu unterschreiben, in dem sie ihre Loyalität zu König Charles I. bekundeten. Allerdings unterstützten nicht alle Inselbewohner die Royalisten in ihrem Kampf gegen die Parlamentarier. Das Manifest wurde am 18. März 1646 in allen Gemeindekirchen verlesen und alle Familienoberhäupter mussten danach mit Namen oder Zeichen unterschreiben. Nur das Dokument von St. Lawrence existiert heute noch, da die Dokumente der anderen Gemeinden versteckt oder vernichtet wurden, als die parlamentarischen Streitkräfte im Folgejahr auf der Insel einmarschierten. Aus dem Dokument kann man erschließen, dass nahezu 40 % der Männer aus St. Lawrence nicht schreiben konnten, da sie nur ihr Zeichen auf dem Dokument angaben.

50 Jahre später mussten die Inselbewohner erneut die Monarchie unterstützen, indem sie die **Oath of Association Roll** unterschrieben. Diese Dokumente überlebten bis heute in allen Gemeinden.

㉓ Saint Matthew's Glass Church ★★ [E5]

Die Kirche im Süden der Gemeinde St. Lawrence wirkt von außen sehr unscheinbar, in ihrem Innern beeindruckt sie aber durch eine besondere Ausstattung: Der Jugendstilkünstler René Lalique aus Frankreich übernahm die Gestaltung des Gotteshauses, Kreuz, Altar, Taufbecken, Fenster, Engel und Türgriffe sind aus **ungefärbtem Glas** gestaltet. Den Auftrag erhielt er 1934 von Lady Florence Trent, der Witwe von Jesse Boot, Baron Trent von Nottingham. Die Kirche entstand an der Stelle einer Vorgängerkirche, 1953 vermachte Lady Trent der Insel auch den angrenzenden Coronation Park, der bereits seit dem Jahre 1937 als Park diente.

› La Route de Saint Aubin, St. Lawrence JE3 1LN, https://stmatthews.je/glass-church, geöffnet: Mo., Mi., Fr. 9–16, Di., Do. 9–15, So. 13.30–16 Uhr

24 Waterworks Valley ★ [F4]

Das **bewaldete Tal** liegt östlich von St. Lawrence und lädt zu einem Spaziergang ein. Hier kann man mehrere recht idyllische **Stauseen** und das **Hamptonne Country Life Museum** 26 besuchen. Das Tal bildet das Wasserreservoir Jerseys.

25 Jersey War Tunnels ★★★ [E4]

Die Jersey War Tunnels sind **eine der bedeutendsten Sehenswürdigkeiten Jerseys.** Sie liegen östlich von St. Peter's Valley in einem landschaftlich sehr schönen Gebiet.

Im Rahmen der Befestigung Jerseys durch die Nationalsozialisten wurde ab 1941 ein **unterirdisches Tunnelsystem** angelegt. Hunderte von Zwangsarbeitern wurden von der Organisation Todt in Frankreich gefangen genommen, unter ihnen auch Flüchtlinge aus Spanien und Marokko sowie Kriegsgefangene aus Polen und der Sowjetunion, die wie Sklaven behandelt wurden und nur mit Lumpen bekleidet waren. 12 Stunden wurde Tag für Tag gearbeitet. Schwere Verletzungen waren an der Tagesordnung, Todesfälle überraschenderweise eher selten. Die Tunnel wurden mithilfe von Schießpulver herausgesprengt und nur einfache Handgeräte standen zur Bearbeitung zur Verfügung. Letztlich bedeckte man die Wände mit Beton.

Der längste Tunnel ist knapp über 100 Meter lang. Das Krankenhaus wurde in eine Böschung eingebaut, sodass Wasser natürlich abfließen konnte. Die Lage innerhalb des Berges sicherte das ganze Jahr hindurch eine gleichbleibende Temperatur.

Besonders grün – das Waterworks Valley

029je-mjm

Ursprünglich sollten die Tunnel als Munitionslager und Baracken für Artillerie dienen, 1944 wandelte man die Anlage allerdings in ein Lazarett um, als man eine Invasion befürchtete. Nicht fertiggestellte Tunnel wurden abgeschlossen, Klimaanlagen und Heizsysteme hinter gasdichten Türen versiegelt. **Krankenstationen** kamen hinzu – ein Operationsraum, ein Raum zur medizinischen Versorgung, ein Raum zur Beurteilung der Verletzten und eine Apotheke.

Mittlerweile wurden die Tunnel zu einem beeindruckenden, aber auch bedrückenden **unterirdischen Dokumentationszentrum** umgestaltet.

Nach dem Kauf des Tickets im Visitor Center geht man durch den Eingangsschacht zur **Einführungsausstellung.** Hier wird über die Situation Europas nach der Machtübernahme durch Hitler und die Lage auf den Kanalinseln informiert. Im Bereich **„Paper War"** wird die Einführung der deutschen Bürokratie auf der Insel erklärt. Der folgende Abschnitt stellt den **Alltag der Inselbewohner** unter den deutschen Besatzern dar. Sehr beeindruckend ist auch die Ausstellung **„Whispers and Lies"**, in der das Misstrauen der Nachbarn untereinander gezeigt wird. Nicht weniger ergreifend empfindet man die Ausstellung mit verschiedenen **Einzelschicksalen** der Inselbewohner.

Eingang zum unterirdischen Dokumentationszentrum Jersey War Tunnels 25

Die Darstellung der **Befreiung** („Liberation") am 9. Mai 1945 wirkt dagegen auch für die Besucher befreiend. In einem weiteren Bereich werden noch die geplanten, aber nicht mehr fertiggestellten **Tunnelschächte** gezeigt.

› Les Charrières Malorey, St. Lawrence JE3 1FU, Tel. 01534 860808, www.jerseywartunnels.com, geöffnet: März–Ende Okt. tägl. 10–17 Uhr, Eintritt: Erwachsene £ 17, Kinder £ 11, Senioren £ 16

26 Hamptonne Country Life Museum ★★ [E3]

Im Hamptonne Country Life Museum kann man auf lebendige Art und Weise die **Geschichte des ländlichen Lebens auf Jersey** erleben. Die Ursprünge des ersten Gebäudes gehen auf das 15. Jahrhundert zurück. Im Jahre 1633 gelangte das Gebäude in den Besitz der Familie Hamptonne, die 1640 ein weiteres Haus errichten ließ, ein zusätzliches Gebäude entstand im 19. Jahrhundert. Um die Bauten befinden sich **Ställe,** die Pferde und Esel beherbergen. Mit einer Apfelpresse wird Cidre produziert. Auf dem Gelände gibt es zudem einen **Spielplatz** und zwei **Cottages** für Übernachtungen von Jersey Heritage (www.jerseyheritage.org/stay/heritage-lets/the-cider-barn).

› La Rue de la Patente, St. Lawrence JE3 1HS, Tel. 01534 633300, www.jerseyheritage.org/places-to-visit/hamptonne-country-life-museum, geöffnet: Ende März–Okt. tägl. 10–17 Uhr, Eintritt: Erwachsene £ 11,35, Kinder £ 7,40, Senioren £ 10,20, Familien £ 33,75

Strände

Von einem aussichtsreichen Parkplatz wandert man hinunter nach **Beauport**, einer wirklich schönen Bucht mit traumhaftem Sandstrand. Allerdings ist der Zugang hinunter nicht ganz einfach, weshalb es hier oft auch ziemlich ruhig zugeht. Trotzdem besuchen an sonnigen Sommertagen gerne Jachten und andere Boote aus den Häfen von St. Aubin oder St. Helier die kleine Bucht. 1923 kaufte Jesse Boot das Land mit der Bucht für seine Frau Florence, die sich als Geburtstags- bzw. Weihnachtsgeschenk eine eigene Bucht wünschte. Zwei Jahre vor ihrem Tod bat sie ihren Sohn, die Bucht der Öffentlichkeit zu übergeben.

Ein weiterer traumhafter Platz ist **Ouaisné Bay** östlich von St. Brelade. Bei Flut ist der Strand vom St. Brelade's Beach getrennt. Hier fühlt man sich tatsächlich wie am Mittelmeer.

Etwas weiter östlich liegt die kleine Bucht **Portelet Bay** mit einem kleinen Turm auf einer Felsinsel. Vom Noirmont Point 30 wandert man auf einem steilen Steig hinunter.

Der beliebteste Strand auf der Insel ist **St. Brelade's Bay**. Er ist windgeschützt und sehr flach, sodass er sich sehr gut zum Baden empfiehlt und auch für Kinder geeignet ist.

Der breiteste Sandstrand der Insel dagegen ist **St. Aubin's Bay**. Er liegt zwischen St. Aubin und St. Helier.

› **Beauport** <059> Toiletten
› **Ouaisné Bay** <060> Toiletten, Cafés und Pubs
› **Portelet Bay** <061> Café
› **St. Brelade's Bay** <062> Toiletten, Cafés und Pubs, Rettungsschwimmer
› **St. Aubin's Bay** <063> Cafés, Rettungsschwimmer

Unterkunft

› **Hotel Cristina** £££ <064> Le Mont Felard, St. Lawrence JE3 1JA, Tel. 01534 758024, www.cristinajersey.com. Modernes, familiengeführtes Hotel oberhalb von St. Aubin's Bay mit Panoramablick auf die Bucht.

Essen und Trinken

› **Saint Lawrence Pub** ££ <065> La Grande Route de St. Laurent, St. Lawrence JE3 1NL, Tel. 01534 746020, www.saintlawrencepub.je. Gemütlicher Pub mit leckeren Gerichten direkt an der Durchgangsstraße in St. Lawrence gelegen.

27 Saint Aubin ★★★ [D5]

Das kleine Fischerdorf mit seinem Hafen und den lieblichen Häusern verströmt ein ganz besonderes Flair. Der Ort liegt am westlichen Ende der **St. Aubin's Bay**, der weiten Bucht, die sich von St. Helier (s. S. 14) bis hierhin erstreckt. Besonders schön ist es hier an einem lauen Sommerabend. Man sitzt unter glitzernden Lampen und bewundert in der Ferne das angestrahlte Elizabeth Castle 1 und St. Aubin's Fort 29. In dieser weiten Bucht landeten und starteten früher die Flugzeuge, bevor der heutige Flughafen gebaut wurde, denn es gab hier damals einen gezeitenabhängigen Flughafen. In St. Aubin beginnt der **Corbière Walk,** die Eisenbahntrasse wurde 1936 stillgelegt. Heute kann man auf diesem Weg gemütlich wandern oder mit dem Fahrrad bis zum Corbière-Leuchtturm 34 fahren (siehe Wanderung 3, S. 107). Die schnellste Möglichkeit, von einem Ende der Bay zum anderen Ende zu gelangen, bestand vor dem Bau der Eisenbahn darin, mit einer Kutsche bei Ebbe über den Strand zu fahren.

Auf einem kleinen Felsen vor dem Ort liegt die Burganlage **St. Aubin's Fort** 29, das bei Flut komplett vom Meer umgeben ist. Einen Besuch wert ist die **Harbour Gallery** 28, in der lokale Künstler Gemälde, Skulpturen, Schmuck, Möbel, Fotografien und Mode ausstellen.

Während des Bürgerkriegs plünderten die Freibeuter von Sir George de Carteret die Schiffe im Kanal und kehrten mit ihren Schätzen nach St. Aubin zurück. Durch die Freibeuterei erlangten die Einwohner St. Aubins schnell Wohlstand. Kapitäne brachten ihre Familien aus England nach Jersey. Trotzdem war niemand immun gegen die Pestepidemie 1626, bei der in nur fünf Monaten 105 Menschen starben.

Einige Historiker behaupten, St. Aubin wäre vor St. Helier (s. S. 14) Jerseys Hauptstadt gewesen, was aber nicht den Tatsachen entspricht. Bis ins 18. Jahrhundert besaß St. Aubin keine eigene Kirche. Es gehörte bis dahin immer zur Gemeinde St. Brelade (s. S. 49) und wurde vom Constable und der Gemeindeversammlung von St. Brelade geführt. Somit hätte es nie den Status einer Hauptstadt gehabt, obwohl es wahrscheinlich zu diesem Zeitpunkt die größere der beiden Städte war.

Als der Handel zunahm, befahl König Charles II. ein Pier zu bauen. Da nichts geschah, entschied der Governor Sir Thomas Morgan 1675, selbst einen Pier ausgehend vorm Fort zu errichten. Tatsächlich begannen die Bauarbeiten erst 1754. Weiterhin wuchs der Handel und 1816 wurde der Nordkai erbaut. Dadurch entstand ein geschlossener **Hafen.** Oft warteten bis zu dreißig Handelsschiffe auf das Be- und Entladen ihrer Waren. Sehr problematisch war der Transport der Waren über den Strand nach St. Helier. Zum damaligen Zeitpunkt gab es die Küstenstraße noch nicht.

Bald darauf wurde entschieden, dass St. Helier einen eigenen Hafen benötigte. Obwohl 1844 eine Straße zwischen St. Helier und St. Aubin existierte und 1870 die Eisenbahn hinzukam, verlor der Hafen von St. Aubin an Bedeutung. Das Wachstum des Orts führte dennoch dazu, dass eigene Kirchen benötigt wurden, um sich die langen Wege zu Pfarrkirche von St. Brelade und zurück zu ersparen. Tatsächlich war die Zeit zu knapp, um zwischen den Gottesdiensten am Morgen und am Abend nach Hause zurückzukehren, weshalb sich die Besucher ihre Zeit in einem Gasthaus nahe der Kirche vertrieben. Die heutige **St. Aubin on the Hill Church** wurde 1887 erbaut, als die bisherige Kirche einsturzgefährdet war.

Südlich von St. Aubin liegt **Noirmont Point** 30. Hier findet man viele ehemalige Bunker und Geschütze aus der Zeit der deutschen Besatzung.

Durch die vielen alteingesessenen Hotels und die zahlreichen Restaurants und Bars hat sich St. Aubin zu einem **beliebten Touristenort** entwickelt.

030je-mjm

㉘ Harbour Gallery ★★★ [D5]

Die Harbour Gallery versteckt sich in einem etwas zurückversetzten Haus. Auf mehreren Stockwerken verteilt, werden in der **größten Galerie Jerseys** Gemälde, Skulpturen, Fotografien, Schmuck, Mode und Möbel gezeigt. Im ersten Stock gibt es ein kleines **Café,** in dem man seinen Besuch ausklingen lassen kann. In der Galerie kann man auch wunderbare Jersey-Souvenirs erwerben.

› Le Boulevard, St. Aubin, St. Brelade JE3 8AB, Tel. 01534 743044, http://theharbourgalleryjersey.com, geöffnet: tägl. 9.30–17.30 Uhr, Eintritt: frei

㉙ Saint Aubin's Fort ★ [E5]

Schiffe, die ihre Fracht am Strand von St. Aubin entluden, wurden oft von Piraten angegriffen. Gerade im 16. Jahrhundert war das ein großes Problem, da Piratenschiffe aus der Bretagne und Belgien den Kanal beherrschten und auf der Suche nach einfacher Beute hierhin vordrangen. Ein **Bollwerk** mit zwei Geschützen wurde an der Küste errichtet. Das gab dem Gebiet um das Fort den Namen Bulwarks, den es heute noch hat. Bald darauf wurde auf dem felsigen Inselchen ein Turm für vier weitere Geschütze erbaut.

Das Fort wurde 1542 von Sir Henry Cornish initiiert, bestand aber zunächst nur aus einem kleinen **Turm mit Kanonen,** die Jersey vor drohenden Angriffen schützen sollten. 1588 erweitert, wurde es schließlich 1643 während des Englischen Bürgerkriegs in ein Fort umgewandelt. Als die Royalisten die Region wieder in Besitz nahmen, ersetzten sie das Boll-

⌃ *Der Hafen von St. Aubin bei Ebbe*

werk durch steinerne Wälle und fügten dem Turm ein Stockwerk hinzu. Im 18. Jh. und noch einmal im 19. Jh. wurde die Anlage restauriert.

St. Aubin's Fort steht auf einem vorgelagerten Felsen vor St. Aubin, sodass man es dauernd im Blick hat. Bei Ebbe sollte man unbedingt einmal **hinüberwandern** und auf dem kleinen Inselchen spazieren gehen. In den friedlichen viktorianischen Zeiten diente es als Sommerresidenz. Im Zweiten Weltkrieg stärkten die Deutschen das Fort mit Turmgeschützen und Kasematten aus Beton.

Unterkünfte

- **Hotel Panorama** £££ <066> La Rue du Croquet, St. Aubin, St. Brelade JE3 8BZ, Tel. 01534 742429, www.panoramajersey.com. Gemütliches Hotel mit großartigem Meerblick und idyllischem Garten. Unbedingt ein Zimmer zur Meerseite buchen. Nur für erwachsene Gäste.
- **La Haule Manor** £££ <067> La Neuve Route, St. Aubin, St. Brelade JE3 8BS, Tel. 01534 741426, www.lahaulemanor.com. Empfehlenswertes Hotel mit wunderbarer Aussicht in einem alten Herrenhaus, das 1796 erbaut wurde. Das Innere erinnert mit seinen hohen Decken, freistehenden Badewannen und den Kronleuchtern an längst vergangene Zeiten.
- **Somerville Hotel** £££ <068> Le Mont Du Boulevard, St. Aubin, St. Brelade JE3 8AD, Tel. 01534 741226, www.somervillejersey.com. Das Hotel steht oberhalb des Hafens von St. Aubin und bietet einen sensationellen Blick auf die Bucht. Zum Haus gehören ein Swimmingpool und ein eigenes Restaurant.
- Zehn schön eingerichtete Zimmer zum Übernachten findet man auch im Pub und Gasthaus **The Old Court House** £££ (s. S. 47).

Mein Tipp

Auf dem Corbière Walk

Der Corbière Walk verläuft von St. Aubin auf einer ehemaligen Eisenbahntrasse bis kurz vor den Leuchtturm 34 vor der Halbinsel Corbière. Die etwas mehr als 5 km lange Route kann sowohl zu Fuß als auch mit dem Fahrrad zurückgelegt werden. Am Beginn der Strecke findet man einen Fahrradverleih, am Leuchtturm erfrischt man sich an einem Eiswagen, nach der Wanderung hat man sich schließlich eine kleine Belohnung verdient. Zurück nach St. Aubin geht es mit dem Bus.

Essen und Trinken

- **Bracewell's** ££ <069> La Rue Du Crocquet, St. Aubin, St. Brelade JE3 8BZ, Tel. 01534 747014, www.bracewells.je. Kleines, aber feines Restaurant. Liegt etwas versteckt in einer Seitengasse. Auch hier gibt es leckere Gerichte vom Fisch und Meeresfrüchte.
- **Salty Dog Bar & Bistro** ££ <070> Le Boulevard, St. Aubin, St. Brelade JE3 8AB, Tel. 01534 742760, www.saltydogbistro.com. Aufgrund der hervorragenden Küche eines der beliebtesten Restaurants auf der Insel. Auf der Karte findet man viele Fisch- und Meeresfrüchtegerichte.
- **Seafish Café 2** ££ <071> La Boulevard, St. Aubin, JE3 8AB, www.seafishcafe.com. Hier kann man leckeren Fisch genießen. Ein weiteres Seafish Café befindet sich im Liberty Wharf in St. Helier (s. S. 23).
- **The Boat House** ££ <072> 1 North Quay, St. Aubin, St. Brelade JE3 8BS, Tel. 01534 744226, www.randalls-jersey.co.uk/the-boat-house. Das moderne Gebäude befindet sich direkt am Hafen. Romantische Terrasse und wunderbares Ambiente. Dementsprechend gerne besucht.

› **The Muddy Duck** ££ <073> Le Boulevard, St. Aubin JE3 8AB, Tel. 01534 872050, www.muddyduckjersey.co.uk. Familiengeführtes Restaurant mit überdachter Terrasse, das leckere Tagesgerichte anbietet.

› **The Old Court House** ££ <074> Le Boulevard, St. Aubin, St. Brelade JE3 8AB, Tel. 01534 746433, www.liberationgroup.com/pubs/the-old-court-house-inn. Direkt am Meer gelegen, kombiniert das Restaurant auf mehreren Etagen gemütliches Ambiente mit leckerem Essen und bietet auch Übernachtungen an.

Nachtleben

Das Nachtleben in St. Aubin ist entspannter als in St. Helier (s. S. 22). Man verbringt den Abend in einem Pub oder einem gemütlichen Restaurant oder schlendert noch ein wenig auf der Hafenpromenade entlang. Hier kann man den Abend beschaulich an einer Hotelbar ausklingen lassen.

› **St. Aubin's Sports Bar** £ <075> La Rue du Croquet, St. Brelade JE3 8BZ, Tel. 01534 746458, https://randalls-jersey.co.uk/st-aubins-sports-bar, geöffnet: Mo.–Fr. 13–23.30, Sa., So. 12–23.30 Uhr. Großartige Wein- und Bierkarte, in der jeder etwas findet. Bestens geeignet, um einen aktiven Tag ausklingen zu lassen. Liveübertragungen von Sportereignissen.

› **The Tenby** £ <076> The Bulwarks, St. Aubin JE3 8AB, Tel. 01534 741224, www.randalls-jersey.co.uk/the-tenby, geöffnet: tägl. 11–23.30 Uhr, Küche Mo.–Fr. 12–14.30 und 17.30–21, Sa. 12–21, So. 12–19 Uhr. Vom renovierten Pub aus kann man den hübschen Hafen überblicken und dabei ein kühles Getränk genießen. Sonnige Sitzmöglichkeiten im Außenbereich und auf der Gartenterrasse.

Einkaufen

29 [D5] **Harbour Gallery and Café**, Le Boulevard, St. Aubin JE3 8AB, Tel. 01534 743044, http://theharbourgalleryjersey.com, geöffnet: tägl. 9.30–17.30 Uhr. In der Harbour Gallery findet man einzigartige Urlaubsmitbringsel von Jerseys Künstlern, flaniert dabei durch die Stockwerke und genießt Kaffee und Kuchen.

30 Noirmont Point ★★★ [D6]

Südlich von St. Aubin befindet sich die **Halbinsel Noirmont** mit dem Noirmont Point. Auch hier waren die deutschen Besatzer mit Befestigungsanlagen zugange. Die **Bunker und Kanonen** können teilweise heute noch besichtigt werden und sind als Mahnmal zur Erinnerung an die Toten von Jersey immer noch präsent. Die **Batterie Lothringen** war die einzige Marineküstenbatterie auf der Insel und Teil von Hitlers berüchtigtem Atlantikwall. Diese Gegend ist eine der wenigen unveränderten Ecken der Südküste, mit Ausnahme natürlich der Betonbauten. Die Channel Islands Occupation Society restaurierte die Anlagen inzwischen. Die Deutschen begannen 1941 damit, die Verteidigungsanlagen in Noirmont Point zu bauen. Hitlers Angst einer Invasion durch die Alliierten an der französischen Küste führte zum Bau einer Marineküstenbatterie. Diese bestand 1944 aus vier **SK-L/45-Marinegeschützen** (15 cm) und einem großen **Befehlsbunker**, der ebenfalls restauriert wurde und an bestimmten Tagen für die Öffentlichkeit zugänglich ist. In diesem Bunker gibt es viel zu entdecken: Gute zwölf Meter tief erstreckt er sich über zwei Stockwerke. Er diente als Leitstand für die Marineküstenbatterie Lothringen. Weitere benachbarte Einrichtungen wurden ebenfalls

031je-mjm

restauriert, beispielsweise ein Beobachtungsturm. Da der Bunker kurz nach Kriegsende aus Sicherheitsgründen verschlossen wurde, blieb er von den Verschrottungen in den frühen 1950er-Jahren verschont. Daher ist er der einzig erhaltene Bunker, der seine beeindruckenden 18 cm dicken gepanzerten Kuppeln behielt.

Von hier oben am Noirmont Point genießt man aber auch eine **wunderbare Aussicht auf das Meer und die Umgebung.** Der ursprüngliche Name lautet Nièrmont, was genau wie Noirmont „schwarzer Berg" bedeutet. Die dunkle, mit Heidekraut bewachsene Silhouette, die bei Sturm mit dicken, vom Atlantik her wehenden Wolken noch dunkler erscheint, gab der Landzunge den Namen. Daher lautet auch eine alte Bauernregel: „Wenn Noirmont seine Haube aufsetzt, bedeutet das Regen" („Quand Nièrmont met san bonnet, ch'est sîngne dé plyie").

Auf Fußwegen kann man zu den beiden **Buchten Belcroute Bay** und **Ouaisné Bay** (s. S. 43) hinabsteigen. Ouaisné Common oberhalb der Bucht ist das reichste und vielfältigste Naturreservat Jerseys. Es ist mit einer Fläche von 10 ha nicht besonders groß, besteht aber aus verschiedensten Habitaten: eine stabile Sanddüne, die sich derzeit in Heideland wandelt. Eine Reihe von Gründen ist für diese Umwandlung verantwortlich, unter anderem liegt dies daran, dass große grasende Tiere fehlen und die Deutschen einen Schutzwall davor errichtet hatten. Der Artenreichtum ist durch die große Anzahl von kleinen, aber unterschiedlichen Habitattypen bedingt: Sumpfgebiete mit Dünentälern, ein Moor und eine Asch-Weide sowie Sandflächen und ein Mix aus Pflanzen wie Ginster, Zwergstrauchheiden und Grasland. Auch einen Teich mit Röhricht gibt es am südlichen Ende dieses Ortes.

Westlich vom Noirmont Point liegt **Portelet,** was soviel wie „kleiner Hafen" bedeutet. Bis in die 1950er-Jahre handelte es sich noch um eine hübsche kleine Bucht, dann begannen die Bauarbeiten. Schon damals regte man sich über die Bautätigkeit für ein Urlaubsdomizil auf, 2012 wurde es durch mehrere Wohnungen ersetzt.

In der Bucht liegt eine Felsinsel mit einem Turm, dem **„Janvrin's Tomb",** dem Grab von Janvrin. Dessen Name geht auf den Kapitän Philippe Janvrin (1677–1721) zurück, der mit seinem Schiff Esther oft zum Handeln nach

Frankreich übersetzte. Als aber überall in Frankreich die Pest ausgebrochen war, durften keine Schiffe vom Festland auf Jersey mehr anlegen. Als Janvrin aus Frankreich zurückkehrte, musste er in der Bellecroute-Bucht ankern. Kaum zwei Tage später starb er, konnte aber wegen der Pestgefahr nicht an Land gebracht werden und wurde daher auf der Insel **Ile au Guerdain** in Portelet Bay beerdigt.

› Anreise von St. Helier an der Küste entlang nach St. Aubin, dort mit der Hauptstraße nach rechts abbiegen und der A13 bergauf folgen. Schließlich scharf links abbiegen in die Route de Noirmont. Immer geradeaus, zuletzt leicht nach links in Le Chemin de Noirmont einbiegen (Beschilderung).

31 Saint Brelade ★★★ [C5]

St. Brelade mit seinem weiten Strand ist **sehr touristisch.** Viele Restaurants und Hotels befinden sich im Ort. Die Gemeinde selbst nimmt den gesamten Südwesten der Insel ein, also auch das Hafenstädtchen St. Aubin 27 und die Halbinseln Corbière und Noirmont. Zwischen beiden Halbinseln liegt die **St. Brelade's Bay** (s. S. 43) sehr geschützt. Die Bucht ist der **schönste und sanfteste Badestrand auf der Insel** und dementsprechend beliebt. Am Rande der Ortschaft steht die **St. Brelade's Parish Church** (s. S. 50) mit der kleinen **Fishermen's Chapel**, ein seltsamer Ort, da dieser recht weit vom historischen Zentrum entfernt lag. In der kleinen Kapelle kann man mittelalterliche Fresken bewundern, die die Reformation überlebt haben.

‹ Postkartenidylle am südlichsten Punkt der Halbinsel Noirmont

Im Ort selbst kann man den hübschen **Sir Winston Churchill Memorial Park** besuchen. Er liegt hinter dem Parkplatz und ist mit seinen Anpflanzungen, Brunnen, Fontänen und einem kleinen Wasserfall wirklich schön.

Der Name St. Brelade stammt wahrscheinlich von einem im 6. Jahrhundert wandernden keltischen oder walisischen Heiligen, dem heiligen Branwalader, der auch heiliger Brelade genannt wird. Er soll der Sohn des Königs Kenen von Cornwall und ein Schüler von Samson von Dol gewesen sein. Mit Samson arbeitete er in Cornwall und auf den Kanalinseln.

Westlich des Hauptorts liegt die **Halbinsel Corbière** mit dem gleichnamigen Leuchtturm 34. Besonders bei Sonnenuntergang ist der Ort zauberhaft. Den Leuchtturm von Corbière kann man auf der Fünf-Pfundnote und der 20-Pence Münze von Jersey bewundern.

Jerseys Gefängnis befindet sich in La Moye, nahe der Entsalzungsanlage. Wahrscheinlich haben sich in der St. Brelade's Bay (s. S. 43) die ersten Inselbewohner niedergelassen. Ausgrabungen in einer Höhle an den Klippen bei La Cotte Point am östlichen Ende der Bucht beförderten regelrechte Schätze für Archäologen zutage. Bereits 1910 fand man Zähne und weitere Überreste von Neandertalern. Gemäß einer modernen Analyse 2013 sind die Zähne zwischen 100.000 und 47.000 Jahre alt.

Die Höhle entstand wahrscheinlich vor 100.000 Jahren, als der Meeresspiegel vielleicht noch knapp zwanzig Meter höher lag als heute. Auch fand sich hier der Beweis, dass Jersey einmal per Land mit Frankreich verbunden war, da man Knochen von Mammuts und vom Wollnashorn fand. Diese großen Tiere hätten niemals den Kanal durchschwimmen können. In der letzten Eiszeit blieb Jersey wahrscheinlich unbewohnt.

Die St. Brelade's Bay war sicherlich bis über das 19. Jahrhundert hinaus sehr spärlich besiedelt. Im 19. Jahrhundert war die unbewohnte Bucht mit ihrem flachen, sandigen Strand der perfekte Ort für Schmuggler.

(32) Jersey Lavender Farm ★ [C5]

Auf der Familienfarm bei St. Brelade (31) wird seit den 1980er-Jahren Lavendel angebaut. Auf dem Gelände kann man die **Destillen** besichtigen und im **Shop** alle möglichen Lavendelprodukte erwerben. Zudem gibt es ein **Café** mit leckeren Kuchen, teilweise ebenfalls mit Lavendelgeschmack.

› Rue du Pont Marquet, St. Brelade JE3 8DS, Tel. 01534 742933, www.jerseylavender.co.uk, geöffnet: Mai–Mitte Sept. Di.–So. 10–17 Uhr, Eintritt: Erwachsene £ 6,95, Senioren ermäßigt, im Frühjahr und Herbst etwas günstiger

(33) Saint Brelade's Parish Church and Fishermen's Chapel ★★★ [C5]

Die Pfarrkirche von St. Brelade (31) ist **eine der schönsten auf der Insel.** Da es nur wenige mittelalterliche Kirchen auf den Kanalinseln gibt, ist das Gebäude ziemlich einzigartig. Gleich neben der Kirche steht die kleine Fishermen's Chapel.

Der Altar bildet den ältesten Teil der Kirche, deren Vorgängerbau nur eine kleine Klosterkapelle war. Früh im 12. Jahrhundert wurde sie zu einer Gemeindekirche umfunktioniert und zu diesem Zweck erweitert. Zwischen dem 14. und 15. Jahrhundert wurde das Dach im gotischen Stil erhöht, genau wie das Dach der Kapelle. Der Bau aus dem 12. Jahrhundert hatte den Grundriss eines Kruzifixes und verfügte über einen Altarraum, ein Mittelschiff und zwei Querschiffe, die die Seitenarme bildeten. Später wurde ein Chorschiff hinzugefügt. Ein Prozessionskreuz aus dem 13. Jahrhundert kann in der Marienkapelle besichtigt werden. Die vielen Umbauten sieht man der Kirche an. Innen dominiert rötlicher Granit.

Gemäß der Überlieferung hatte der heilige Brelade selbst den

032je-mjm

Die St. Brelade's Parish Church ist eine der schönsten Kirchen der Insel

Platz für die Kapelle bestimmt. Die Fishermen's Chapel beinhaltet wunderbare mittelalterliche Fresken, die noch sehr gut erhalten sind. Beide Gebäude bilden ein großartiges Ensemble über dem bunten Treiben des Strandes.

Der Legende nach liegt die Gemeindekirche dort, obwohl man sie ursprünglich lieber weiter im Landesinneren erbauen wollte, also näher an den Häusern der Gläubigen. Da hatten allerdings die kleinen Leute *(les p'tits faîtchieaux)* etwas dagegen, da ihr Gotteshaus in einem nahen Dolmen untergebracht war. Jede Nacht zerstörten sie die Bauarbeiten des Tages und wie von Zauberhand tauchten die Werkzeuge und das Material wieder an der Küste auf. Letztlich gab man auf und baute die Kirche an ihrer heutigen Stelle.

Deutlich wahrscheinlicher ist die Theorie, dass dieser Ort gewählt wurde, weil er ziemlich genau in der Mitte der Gemeinde zwischen dem ländlich geprägten Westen und St. Aubin 27 liegt.

› Anreise von St. Helier an der Küste entlang nach Westen, dann mit Schildern nach rechts in die Straße Mont au Roux einbiegen. Immer geradeaus bis nach St. Brelade fahren, dort links in die Straße La Marquanderie abbiegen. Nun bergab fahren, bis die Küste in Sicht kommt. Dort nahe der Kirche parken.

MEIN TIPP

Jersey Cream Tea mit Lavendelgeschmack

Im Café der Jersey Lavender Farm 32 gibt es sogar Scones mit Lavendelgeschmack. Wer sich also mal eine Besonderheit gönnen möchte, genießt hier Jersey Cream Tea (s. S. 115) mit Lavendel.

34 Corbière Lighthouse ★★★ [A6]

Der **Leuchtturm** ragt südwestlich vom Corbière Point aus dem Meer. Er wurde 1874 vom Wasser her fertiggestellt. Er steht auf rotem Granit, der hier abgebaut wurde. Bei Ebbe kann man den Leuchtturm zu Fuß erreichen, sollte aber unbedingt auf die einsetzende Flut achten. Dann kann das harmlos wirkende Meer schnell gefährlich werden. 1946 kam der Leuchtturmwärter ums Leben, als er einem Besucher das Leben retten wollte.

Der Name des Leuchtturms stammt wahrscheinlich von *corbeau* (französisch für Krähe) und wird an anderen Orten in der französischsprachigen Welt ebenfalls genutzt, darunter auf Guernsey 56, der Nord-Bretagne, Zentralfrankreich und der Schweiz. Im Jahre 1309 wird Jerseys Corbière erstmals urkundlich erwähnt, als berichtet wird, dass ein Bottich an Land geschwemmt wurde. Dies kam allerdings recht regelmäßig vor, da häufig Schiffe auf die Felsen aufliefen, wenn sie diese Ecke von Jerseys Küstenlinie bei stürmischem Wetter umfahren wollten. Ihre Fracht wurde dann an die Strände der St. Ouen's Bay gespült. Erst der Leuchtturm ermöglichte eine sichere Passage.

Der Leuchtturm ist elf Meter hoch und war der **erste Leuchtturm der Britischen Inseln, der aus Beton gebaut ist.** Das Licht kann man in bis zu 25 Kilometern Entfernung sehen, trotzdem versuchen manche kleinere Schiffe immer noch, eine Abkürzung zu wählen und verunglücken an versteckten Felsen.

Victor Hugo beschrieb das Gebiet als den **„Hirten der Wellen"**. Seemänner nannten es in früheren Zeiten „Gefürchtetes Corbière". Der Eintritt in den Turm ist frei.

080je-mjm

› Anreise von St. Helier an der Küste entlang nach Westen, dann nach links abbiegen und nach St. Brelade fahren. Hier links in die La Route des Quennevais und an der nächsten Ampel direkt rechts am Supermarkt Waitrose vorbei in die Route Orange abbiegen. Immer geradeaus fahren und den Schildern Richtung Corbière Lighthouse folgen.

35 Table des Marthes ★ [B6]

Direkt am Corbière Walk (s. S. 46) kann man diesen **flachen Granitstein** entdecken. Er hat die Ausmaße von 3,8 m x 2 m x 0,76 m und wurde 1850 entdeckt. Seine Herkunft und Entstehung sind völlig unklar.

› Anreise von St. Helier über St. Brelade zum Corbière Lighthouse. Dort parken und am Corbière Walk ein Stück ins Landesinnere.

36 La Sergenté ★ [B5]

Das **Ganggrab** befindet sich im Südwesten der Insel und stammt aus der frühen Jungsteinzeit (4500–3250 v. Chr.). Es handelt sich um eine der ältesten Megalithanlagen auf den Kanalinseln. Der gepflasterte Gang führt in eine runde Kammer, die einen Durchmesser von 3,3 Metern hat.

› Anreise von St. Helier über St. Brelade Richtung La Pulente fahren. Von der A13 nach rechts in die Rue de la Sergenté einbiegen. In La Pulente parken und auf dem Küstenpfad zum Ganggrab gehen.

Unterkünfte

› **Biarritz Hotel** £££ <077> Le Mont Sohier, St. Brelade JE3 8EA, Tel. 01534 742239, www.biarritzhotel.co.uk. Sehr schönes Hotel auf einer Anhöhe in einer sehr ruhigen Ecke von St. Brelade. Von hier genießt man einen Panoramablick auf die gesamte Bucht von St. Brelade. Sehr beliebt und dementsprechend häufig ausgebucht.

- **Golden Sands Hotel** £££ <078> La Route de la Baie, St. Brelade JE3 8EF, Tel. 01534 741241, www.goldensandsjersey.com. Großes Haus, in dem einiges geboten wird. Direkt am Sandstrand von St. Brelade's Bay.
- **L'Horizon Beach Hotel and Spa** ££££ <079> La Route de la Baie, St. Brelade JE3 8EF, Tel. 01534 743101, www.handpickedhotels.co.uk/lhorizon. Eines der besten Hotels in St. Brelade, bereits 1850 erbaut. Ein Highlight sind neben der Aussicht auf die Bucht der Pool und der Spa-Bereich.
- **St. Brelades Bay Hotel** £££ <080> La Route de la Baie, St. Brelade JE3 8EF, Tel. 01534 746141, www.stbreladesbayhotel.com. Nostalgisches Hotel, in dem man vergangenen Zeiten hinterherträumen kann. Direkt am Strand. Mit wundervollem, großen Garten.

Essen und Trinken

- **Jersey Crab Shack** ££ <081> La Route de la Baie, St. Brelade JE3 8EF, Tel. 01534 850855, www.jerseycrabshack.com. Direkt am Strand werden hier frische Meeresfrüchte für die ganze Familie serviert.
- **Off The Rails Café** £ <082> Petite Route de Mielles, Les Quennevais, St. Brelade JE3 8BZ, Tel. 07700 360165, https://offtherailsjersey.com. Das Café befindet sich am Corbière Walk (s. S. 46). Es bietet sich an, hier auf der Wanderung bzw. der Fahrradtour eine Erholungspause einzulegen.
- **Old Smugglers Inn** ££ <083> Le Mont Du Ouaisné, St. Brelade JE3 8AW, Tel. 01534 741510, www.oldsmugglersinn.com. Traditionsreicher Pub an der schönen Ouaisné Bay, der nach einem Badetag eine willkommene Einkehrmöglichkeit darstellt, die leider keine Sitzmöglichkeiten im Freien bietet.
- **Pizza Express St. Brelade** £ <084> La Route de la Baie, St. Brelade JE3 8EF, Tel. 01534 499049, www.pizzaexpress.com. Inzwischen schon eine Institution in St. Brelade. Hat abends länger geöffnet. Die Pizzen sind wirklich lecker.
- **The Poplars Tea Room** £ <085> La Moye, St. Brelade JE3 8LN, Tel. 01534 742184, www.thepoplarstearoom.com. Im schönen Garten kann man wunderbar leckeren Jersey Cream Tea (s. S. 115) genießen oder sich von den sensationellen Kuchen verführen lassen.
- **The Portelet Inn** ££ <086> La Route de Noirmont, St. Brelade JE3 8AJ, Tel. 01534 741899, www.randalls-jersey.co.uk/the-portelet-inn. Schöner Pub mit leckerem Essen, der mit einer fantastischen Lage hoch über der Bucht von Portelet Bay besticht.

MEIN TIPP

Übernachten im Besatzungsturm

Der **Radio Tower** vor dem Corbière Lighthouse (34) ist ein ehemaliger Beobachtungsturm aus der Zeit der deutschen Besatzung. Im Turm befinden sich drei Zimmer mit einem Doppelbett, im 4. Stock eine Küche und im 5. Stock der Wohnbereich mit einer traumhaften Aussicht auf das Meer. Der Turm gehört dem Jersey Heritage und ist eines von 13 historischen Objekten, die man als Unterkunft für den Urlaub buchen kann.

- **Radio Tower** ££££ <087> Tel. 01534 633304, https://www.jerseyheritage.org/stay/heritage-lets/radio-tower

◁ Blick zum Corbiére-Leuchtturm bei Flut

Der Norden

Im Norden ist die Insel am höchsten, steigt sie doch von Süd nach Nord an. Hier fällt die Insel mit einer **beeindruckenden Steilküste** direkt ins Meer ab. Dazwischen sind immer wieder kleine, bezaubernde Buchten eingelagert, die zum Baden und zu weiteren spannenden Aktivitäten wie Kajakfahren einladen. Sehr reizvoll ist eine Wanderung auf dem gut markierten Küstenpfad hoch über dem meist tiefblauen Meer. Die drei Gemeindezentren St. John (s. S. 58), St. Mary und Trinity (s. S. 60) liegen etwas im Hinterland und sind durch eine gut ausgebaute Hauptstraße miteinander verbunden.

Saint Mary

St. Mary ist eine relativ kleine Gemeinde im Nordwesten der Insel. Gleichzeitig ist sie der **am dünnsten besiedelte Landstrich Jerseys.** Auf ihrem Gebiet liegen **eindrucksvolle Küstenabschnitte** wie in der Umgebung von Devil's Hole 38. Unweit der Teufelshöhle befindet sich das **Weingut La Mare Wine Estate** 37, das eindrucksvoll beweist, dass auch auf englischem Boden vernünftiger Weinbau betrieben werden kann. Zwischen den Gemeinden St. Mary und St. John (s. S. 58) verläuft das **Mourier Valley.** Der Bach versorgte in früheren Zeiten trotz der dünnen Besiedelung eine größere Anzahl von Mühlen mit Wasser. Das Mourier Valley besitzt einen stillen Zauber, viele Vögel nisten hier und der Blick über die Küste ist grandios.

Grève de Lecq 39 liegt genau an der Grenze zwischen St. Mary und St. Ouen (s. S. 26). An der Ostseite der Bucht befindet sich das **Câtel de Lecq.** Möglicherweise stand hier in der Eisenzeit eine befestigte Anlage, allerdings wurden bisher keine Ausgrabungen vorgenommen.

Die **St. Mary Parish Church** gab es bereits 1042. Die Marienkapelle ist der älteste Teil der Kirche. Das Taufbecken auf der rechten Seite des Altars datiert wahrscheinlich auf das 14. Jahrhundert.

MEIN TIPP

Ein grandioser Urlaubsabschluss

Zum Abschluss eines Urlaubs möchte man vielleicht noch einmal besonders schick essen gehen. Die Oyster Box in St. Brelade bietet sich hierfür an. Die Lage des Restaurants direkt am Meer ist wunderschön und die wundervollen Fisch- und Meeresfrüchtegerichte sind lecker und sehen noch dazu toll aus – fast zu schade zum Essen.

› **Oyster Box** £££ <088> La Route de la Baie, St. Brelade JE3 8EF, Tel. 01534 850888, www.oysterbox.co.uk

37 La Mare Wine Estate ★★★ [D2]

Englischer Wein? Das milde Klima des Golfstroms und die vielen Sonnenstunden machen es möglich. Im La Mare Wine Estate erhält man einen vernünftigen Tropfen und eine Führung durch das **schöne Anwesen.** Im dazugehörigen **Shop** kann man den Wein nicht nur kaufen, sondern auch noch andere Leckereien wie Cidre, Black Butter (s. S. 115) oder Schnaps erstehen. Auch eine **Obstplantage** gehört zum Weingut. Im **Café,** das ebenfalls Teil des Anwesens ist, kann man einen leckeren Jersey Cream Tea (s. S. 115) genießen. Für die kleinen Besucher gibt es einen großen Spielplatz und kleine Ponys.

034je-mjm

› La Rue de la Hougue Mauger, St. Mary JE3 3BA, Tel. 01534 481178, www.lamarewineestate.com, geöffnet: April–Okt. tägl. 10–17 Uhr, Eintritt: Erwachsene £ 14,95, Kinder bis 17 Jahre £ 8,45

38 Devil's Hole (Lé Creux du Vis) ★★★ [D2]

Vom gemütlichen Priory Inn (s. S. 10) bei St. Mary kann man auf einfachem Weg vorbei an einer Teufelsfigur zur Plattform oberhalb des Devil's Hole hinabsteigen. Die **Aussicht auf das Meer und die Klippen ist beeindruckend.** Geradezu schaurig ist der Blick hinunter in die Teufelshöhle. Früher konnte man hinunterklettern, dies ist aber schon sehr lange nicht mehr möglich, da der Abstieg zu gefährlich ist.

1851 verunglückte hier ein Schiff, und das Meer spülte die Galionsfigur im Devil's Hole nach oben. In der Folge wurde eine **Teufelsfigur** oberhalb der Höhle errichtet, die der Galionsfigur nachempfunden war. Immer wieder wurde diese ursprüngliche Holzfigur durch modernere Versionen ersetzt.

Das **Priory Inn** oberhalb des Devil's Hole ist eines der ältesten Gasthäuser auf Jersey.

Die Familie Arthur, der das Gebäude bereits seit 1851 gehörte, eröffnete hier vor dem Ersten Weltkrieg ein Café. Es ist unklar, woher dieses Inn seinen Namen hat. Es wird vermutet, dass das Gebäude auf einer früheren Abtei steht oder dass es aus Steinen gebaut wurde, die von einer nahen, verlassenen Abtei stammen, bei der es sich um La Falaise handeln könnte. Die zweite Theorie ist die wahrscheinlichere.

› Anreise von St. Helier zum Priory Inn (s. S. 58). Dort parken und am gemütlichen Pfad hinunterspazieren.

Abendstimmung am Weg zum Devil's Hole

39 Grève de Lecq ★★★ [C2]

Grève bedeutet Strand auf Jèrriais und tatsächlich befindet sich hier ein **wunderbarer Strand mit goldfarbenem Sand.** „Der Zugang Grève de Lecq ist absolut bezaubernd. Die Landschaft ist meist vergleichbar mit Wales und in manchen Bereichen sogar mit der Schweiz“ schrieb der Jersey Times Almanach 1868. Er empfahl den Besuchern, am feinen Sandstrand spazierenzugehen, die riesigen Wellen zu beobachten, die schäumend und brüllend auf die Küste zurauschen. Auch heute sind die Blicke sowohl in die Landschaft als auch über die Bucht wunderschön und dramatisch.

Das Wort *Lecq* stammt wahrscheinlich vom altnordischen Wort für Bach ab, was sich auf den Fluss bezieht, der durch Les Vaux de Lecq fließt. Hier verläuft die Grenze zwischen St. Mary und St. Ouen (s. S. 26). 1215 war die Bucht unter dem Namen „La Wik“ bekannt, was sich möglicherweise von dem altnordischen Wort *vic* für Bucht ableitet.

Lange Zeit waren **Schmuggler** in der Bucht zu Hause. Große Mengen französischer Spirituosen, die von Jerseys Händlern importiert wurden, brachte man zum Verkauf nach England und schmuggelte dabei auch Tabak nach England und Frankreich.

Eine Wassermühle wurde von dem Fluss, der durch das Tal fließt, angetrieben. Heute steht an diesem Ort **Le Moulin de Lecq** (s. S. 57), ein Pub und Restaurant. Wahrscheinlich stammen Teile des Pubs aus dem 12. Jahrhundert.

Etwas mehr als sechs Kilometer vor der Küste befinden sich die **Paternoster-Felsen**, auch bekannt als **Les Pierres de Lecq.** Der Name der Felsen geht auf ein Schiffsunglück zurück: Königin Elizabeth I. hatte Sark 55 an die Familie Carteret unter der Bedingung übergeben, jährlich 50 Schilling zu entrichten und dort zur Verteidigung der Insel gegen die Franzosen 40 Männer zu stationieren. Als die Schiffe kurz nach dem Aufbruch von Jersey die Felsen passieren wollten, schlug eines von ihnen gegen die Felsen und sank. Alle an Bord ertranken. Als Erinnerung an diese Tragödie beteten vorbeifahrende Fischer ein Vaterunser, was den Felsen ihren Namen gab.

Als im 19. Jahrhundert die ersten Touristen nach Jersey kamen, baute man in Grève de Lecq das erste Hotel. Der Zensus von 1851 nennt das **Grève de Lecq Hotel.** 1872 wurde hier ein 7-Gänge-Menü für Mitglieder des Grève de Lecq Harbour Committees und für andere einflussreiche Inselbewohner aufgetischt. Damals wurde auch der Grundstein für den neuen Hafen gelegt, das Hotel wurde später zu Wohnungen umfunktioniert.

Der Zensus von 1881 listet auch das **Prince of Wales Hotel**, das es bis heute gibt (s. S. 57). Knapp unterhalb des Parkplatzes am runden Turm stand ein weiteres Hotel mit dem Namen **The Pavilion.** Es war sehr beliebt, allerdings wurde es später durch ein Feuer zerstört. Das letzte Hotel, das hier gebaut wurde, war das Hotel des Pierres, das heute ebenfalls nicht mehr existiert.

In der Bucht stehen zudem die **Grève-de-Lecq-Kasernen**, die errichtet wurden, als man 1810 aufgrund

Die Moulin de Lecq ist heute ein beliebtes Restaurant

der Napoleonischen Kriege eine weitere Invasion der Franzosen befürchtete. Sie wurden bis 1920 genutzt und können heute besichtigt werden. In dem kleinen Museum können Besucher mehr über das Leben der Soldaten, die Verteidigung der Insel und den Beginn des Tourismus erfahren.

› **Grève de Lecq Barracks,** Grève de Lecq, St. Mary JE3 2DT, www.nationaltrust.je/project/greve-de-lecq-barracks

Unterkünfte

› **Olive Tree Cottage** ££ <089> Tel. 0800 2335259, www.freedomholidays.com. Schönes, gut eingerichtetes Selbstversorger-Cottage für zwei Personen in einer renovierten Scheune aus Granit. Ganz in der Nähe des Parkplatzes des Devil's Hole 38 und des Priory Inn Devil's Hole (s. S. 58). Das Cottage kann über Freedom Holidays gebucht werden. Im Nachbargebäude befindet sich noch ein weiteres, größeres Cottage.

› **The Prince of Wales Hotel** ££ <090> Grève de Lecq, St. Ouen JE3 2DT, Tel. 01534 482278, www.princeofwalesjersey.com. Familiengeführtes Hotel, das traumhaft direkt oberhalb des wunderbaren Strands steht. Es gibt zwei größere Räume für Familien und zwei Selbstversorger-Apartments mit Meerblick. Auf der Terrasse kann man bei romantischem Blick aufs Meer die leckeren, frischen Fischgerichte genießen.

Essen und Trinken

› **Colleens Café** £ <091> Grève de Lecq, St. Ouen JE3 2DL, Tel. 01534 481420, www.facebook.com/colleenscafe, geöffnet: Mo.–Do. 8–16, Fr. 8–15 und 17–19.30, Sa., So. 8–16.30 Uhr. In diesem Café kann man ein leckeres Frühstück genießen und dabei die Promenade des wunderschönen Strands von Grève de Lecq (s. S. 56) überblicken.

Mein Tipp

Spider Crabs in der alten Mühle

Herrliche altertümliche Mühle mit gutem Restaurant. Das Mühlrad ist wahrscheinlich das größte auf ganz Jersey. Es wurde komplett vom Gewicht des Wassers betrieben und mahlte bis 1929 entweder Mehl oder wurde als Walkmühle betrieben. Die Mühle wurde anschließend in ein Privathaus umgewandelt. Vor allem die Seafood-Gerichte sind hier sehr zu empfehlen. Wer erstmals hier einen Spider Crab auf dem Teller vor sich sieht, wird vielleicht etwas überfordert sein. Mithilfe der bereitgestellten „Werkzeuge" lässt sich das Tier aber gut zerlegen und leckeres Krebsfleisch kommt hervor.

Im Sommer kann man im traumhaften Garten gemütlich sitzen und speisen. Der Ort gehört noch zur Gemeinde St. Ouen, die Anfahrt kann aber auch von St. Mary erfolgen.

› **Le Moulin de Lecq** £ <092> Le Mont de La Grève de Lecq, St. Ouen JE3 2DT, Tel. 01534 482818, www.moulindelecq.co.uk

035je-mjm

› **Plémont Beach Café** £ <093> La Route de Plémont, St. Ouen JE3 2BD, Tel. 01534 482005, www.facebook.com/plemont-beachcafejersey. Traumhaft gelegenes Café hoch über Plémont Bay. Leckere Küche, Cream Tea (s. S. 115) und Eis. Gehört offiziell zur Gemeinde St. Ouen – liegt aber an der Nordküste. Toller Blick auf die Bucht, vor allem bei Flut sehr eindrucksvoll.

› **St. Mary's Country Inn** £ <094> La Rue des Buttes, St. Mary JE3 3DS, Tel. 01534 482897, www.liberationgroup.com/pubs/st-marys. Einer der besten Pubs im Norden mit leckeren Fischgerichten. An schönen Tagen kann man es sich auch auf der Terrasse gegenüber der Kirche von St. Mary gemütlich machen.

› **The Priory Inn Devils Hole** ££ <095> Devil's Hole, St. Mary, Tel. 01534 485307, www.randalls-jersey.co.uk/the-priory-inn. Einer der ältesten Pubs auf Jersey. Gemütlich, mit toller Sonnenterrasse und leckeren Speisen. Ein kühles Breda-Bier von Guernsey oder der wunderbare Branchage Cider vom benachbarten Weingut 37 sind absolut zu empfehlen.

Strände

Einen weiten Sandstrand bei Ebbe bietet **Grève de Lecq** 39 direkt an der Grenze zwischen St. Mary und St. Ouen. Im Ort gibt es ein Café und ein Restaurant, die die Versorgung für einen entspannten Familientag am Strand sicherstellen. Oberhalb des Strandes präsentiert eine Ausstellung des National Trust Informationen zu Flora und Fauna an der Nordküste.

Plémont Bay ist ebenfalls im Norden gelegen (Beschreibung s. S. 33). Bei Ebbe handelt es sich um einen der schönsten Strände Jerseys, der auch für Kinder interessant ist.

Saint John

Zur Gemeinde St. John gehören **sowohl der nördlichste Punkt der Insel als auch die Inselmitte.** Dies liegt daran, dass die zentrale Gemeinde im Norden neben ihrem Küstenabschnitt auf einem schmalen Streifen auch weit ins Landesinnere hineinragt. An der Küste befindet sich **Sorel Point**, der nördlichste Punkt der Insel mit einem kleinen Leuchtturm. Die etwas unschöne Motocross-Piste in der Nähe und Ronez, den größten Steinbruch Jerseys, muss man ignorieren.

Von den **Klippen im Norden** der Gemeinde hat man inselweit die **beste Aussicht auf das Meer**. Der zweithöchste Punkt auf Jersey, **Mont Mado** (gut 144 m), steht ebenfalls in St. John.

Der Bau der **Route de Nord** diente unter den deutschen Besatzern als Arbeitsbeschaffungsmaßnahme. Sie ist heute den Männern und Frauen gewidmet, die unter der Herrschaft der Nationalsozialisten während des Zweiten Weltkriegs litten.

Der Mittelpunkt der Insel befindet sich im **Dorf Sion** und ist mit dem Island Center Stone markiert.

40 Saint John Parish Church ★★ [E2]

Die St. John Parish Curch ist etwas unkonventionell. Wie andere Kirchen auf Jersey entstand sie (im Jahr 1150) aus einer kleineren Kapelle. Das heutige Mittelschiff hat eine etwas seltsame Position: Möglicherweise liegt dies darin begründet, dass eine weitere Kapelle, die bereits an dieser Stelle stand, in das Gebäude integriert wurde. Wahrscheinlich ist die Kirche nach Johannes dem Täufer benannt, aber man sieht auch das Malteser- bzw. Johanniterkreuz.

037je-mjm

Das Gotteshaus besitzt ein südliches Seitenschiff, einen Altarraum, ein weiteres Seitenschiff und eine Sakristei. In der Marienkapelle findet man Tafeln mit den Zehn Geboten, dem Glaubensbekenntnis und dem Vaterunser in französischer Sprache. Bis ins frühe 20. Jahrhundert wurden hier Gottesdienste auf Französisch abgehalten.

› Anreise von St. Helier nach Norden bis St. John. Die Kirche befindet sich unübersehbar in der Ortsmitte, dort Parkplätze.

Strand

Mit der **Bonne Nuit Bay** besitzt St. John nur einen einzigen Strand – allerdings einen besonders schönen, an dem ein wunderbares Café (Bonne Nuit Beach Cafe, s. S. 60) zum Entspannen einlädt. 1872 wurde der Anlegesteg gebaut, woher der Name des Strands stammt, ist unklar, er bedeutet „Gute Nacht". Bereits 1150 trug die Bucht diesen Namen, als Guillaume de Vauville die Kapelle St. Marie in der Gemeinde St. John dem Kloster von St. Sauveur Le Vicomte schenkte. In der Bestätigung durch den König wird die lateinische Bezeichnung de „Bono Nocte" verwendet. 1413 kehrten die Mönche von Bonne Nuit nach Frankreich zurück, da König Henry V. alle ausländischen Abteien zwang, kein englisches Geld nach Frankreich zu senden. Die Abtei zerfiel danach.

In der Mitte der Bucht steht der Fels Le Cheval Guillaume. Menschen aus allen Teilen der Insel pilgerten an Mittsommer dorthin, um sich Glück für das kommende Jahr zu sichern. Der Eigentümer einer Zeitung, Philippe Dumaresq, der 1792 nach St. John gezogen war, versuchte aus dieser alten Tradition ein großes Event zu machen. Er veranstaltete eine Zwei-Tages-Messe, wie sie damals

⌃ *Die Bonne Nuit Bay ist eine traumhafte Bucht im Norden*

Mein Tipp

Kleine Runde des National Trust

Der National Trust Jersey kümmert sich um schützenswerte Landstriche auf der Insel. Bei Bonne Nuit Bay gibt es den **La Vallette Scenic Walk.** Diese kleine Rundtour beginnt etwas südöstlich des Ortes an der Straße und dauert 40–50 Min. Er führt durch einen besonders vegetationsreichen Abschnitt hoch über der Bucht. Der Weg ist teilweise ziemlich steil, bietet aber vom höchsten Punkt eine grandiose Aussicht auf Bonne Nuit Bay. Am Beginn des Wegs befindet sich eine Informationstafel des National Trust. Der Weg ist dann nicht mehr zu verfehlen.

in Frankreich verbreitet waren. In 50 Zelten wurden Kleidung und Speisen verkauft. Komödianten und Hochseilakrobaten aus Frankreich und ein Feuerwerk machten das Event so beliebt, dass Jersey diesen Jahrmarkt nach fünf Jahren wieder schließen ließ: der Jahrmarkt gefährdete angeblich die Moral.

› **Bonne Nuit Bay** <096> Am Strand befindet sich ein Café.

Essen und Trinken

› **Bonne Nuit Beach Cafe** £ <097> Les Charrieres de Bonne Nuit, St. John JE3 4DD, Tel. 01534 861656, www.bonnenuitbeachcafe.co.uk. Tolles Café am Strand von Bonne Nuit mit thailändischer Küche, in der nur frische lokale Zutaten Verwendung finden. Ein wirklich toller Ort zum Entspannen.

› **Les Fontaines Tavern** £ <098> La Route Du Nord, St. John JE3 3AJ, Tel. 01534 862707, www.randalls-jersey.co.uk/les-fontaines-tavern. Gutes Essen in einem gemütlichen Pub in der Nähe der Nordküste an der La Route Du Nord.

Trinity

Die östlichste der drei Gemeinden im Norden ist **stark von der Landwirtschaft geprägt,** besitzt aber gleichzeitig auch einen **langen Küstenabschnitt.** Im Gemeindebereich befindet sich der von Gerald Durrell gegründete **Zoo** 41, der einen Besuch lohnt. **Bouley Bay** (s. S. 63), eine traumhafte Bucht, die zum Kajakfahren, Baden und Schnorcheln einlädt, gehört ebenfalls zum Gemeindegebiet.

Der **Bouley Bay Hill Climb** ist eines der beliebtesten Sportevents, ein Autorennen, das seit 1920 mit kurzer Unterbrechung während der deutschen Besatzung stattfindet. Das Wappen von Trinity zeigt das Schild der Dreifaltigkeit. Dieses besteht aus vier Kreisen, die in einem Dreieck angeordnet sind. Sechs Spruchbänder verbinden sie. Ein weißer, pyramidenartiger Kirchturm schmückt die **Trinity Parish Church.**

41 Jersey Zoo ★★★ [H3]

Der Zoo von Jersey wurde von Gerald Durrell (s. S. 61) im Jahr 1959 gegründet und ist weit über die Grenzen der Insel hinaus bekannt. Er ist vor allem für seine vielen **Lemuren-Arten** berühmt, aber auch wegen seiner großzügigen Anlagen für **Menschenaffen.** Das Hauptziel des Zoos ist die **Aufzucht besonders bedrohter Arten.** So wird man bei der Einfahrt zum Gelände bereits von künstlichen Nachbildungen des Dodos empfangen, einem im 17. Jahrhundert ausgestorbenen Kranichvogel. Spannend ist das **Aye-Aye-Haus.** Das Fingertier ist nachtaktiv und eigentlich im Dschungel Madagaskars zu Hause, mit etwas Geduld kann man es aber auch hier in seinem Gehege entdecken.

KURZ & KNAPP

Gerald Durrell (1925–1995)

Ursprünglich in Indien geboren und von Privatlehrern unterrichtet, interessierte sich Gerald Durrell schon früh für Tiere. Als 20-Jähriger arbeitete er in einem kleinen Zoo in London. Ab dem Folgejahr führte er zoologische Expeditionen in entlegene Ecken der Erde durch. 1959 schließlich ergab sich die Möglichkeit, auf Jersey Ländereien des Herrensitzes Augrès Manor zu pachten. Genau hier wollte er einen Tierpark nach seinen eigenen Vorstellungen aufbauen. Der Erhalt von bedrohten Arten war seine wichtigste Motivation als Tierfreund und -schützer. Den Durrell Wildlife Conservation Trust gründete er 1963 und konnte dadurch ein Forschungszentrum aufbauen. Er wollte Tiere für die Auswilderung in die freie Wildbahn züchten und somit deren Überleben als Spezies sichern. Weiterhin baute er ein Ausbildungszentrum für Experten auf, die die Tiere bei ihrer Auswilderung betreuen. Er starb 1995. Über sein Leben wird in einem Gebäude gegenüber dem Aye-Aye-Haus informiert.

Besuch des Zoos

Nach Durchqueren des Eingangs durch das Besucherzentrum wendet man sich nach links und gelangt gleich zum **Gehege des Brillenbärs.** Nach einem kleinen **Reptilien- und Amphibienhaus** folgen die Behausungen der **Riesenschildkröten** und auf der gegenüberliegenden Seite die der herumtollenden **Erdmännchen.** Hier sollte man einen kleinen Abstecher zum **Ottergehege** machen. Wenn man weiter geht, gelangt man zum **Dodo Restaurant.** Danach folgt ein Gehege von **Tamarinen** (Krallenaffen). Wenig später steht man vor der eindrucksvollen Freianlage der majestätischen **Gorillas.** Nach einem Kinderspielplatz folgt die zweite Anlage für Menschenaffen. Hier leben die in freier Wildbahn vom Aussterben bedrohten **Orang Utans.** Anschließend wandert man durch den **Tamarinen-Wald.** Hier leben die kleinen Löwenkopfäffchen und Kaiser-Schnurrbart-Tamarine. Ein Abstecher führt zu den **Chilenischen Flamingos.**

Man kommt zur **Fledermaushöhle** und erreicht wenig später den **See der Lemuren.** Hier leben Varis und Kattas. Gerade die Kattas mit ihren grauweißen Schwänzen sorgen für Begeisterung. Nachdem man den schönen Affen beim Spielen oder Fressen zugesehen hat, spaziert man weiter zu einem Gebäude, in dem das Leben des Zoogründers Gerald Durrell vorgestellt wird.

062je-mjm

Erdmännchen im Jersey Zoo

Mein Tipp

Einmal campen im Zoo?

Im Durrell Wildlife Camp kann man mitten zwischen den Lemuren in luxuriösen Jurte-Zelten im Zoo (41) übernachten – aus dem „Glamping" (Wortschöpfung aus *glamorous* und *camping*) wird ein echtes Wildlife-Erlebnis.

› **Durrell Wildlife Camp** £££, Tel. 01534 860097, https://www.durrell.org/visit-jersey-zoo/stay-at-jersey-zoo/durrell-wildlife-camp

Auf der anderen Seite des Weges steht das Aye-Aye-Haus. Am Ende des Zoos wird man durch eine **Voliere** geleitet, in der ansehnliche Waldvögel leben.

Im **Zoorestaurant** kann man den Besuch gemütlich ausklingen lassen und sich im **Zooshop** noch mit Souvenirs und schön illustrierten Büchern eindecken.

› La Profonde Rue, Trinity JE3 5BP, Tel. 01534 860000, www.durrell.org, geöffnet: 9.30–17, im Winterhalbjahr bis 16 Uhr, Eintritt: Erwachsene £ 19, Kinder bis 16 Jahre £ 15, Senioren £ 17

(42) Eric Young Orchid Foundation ★★ [G4]

In Eric Youngs Orchideenfarm spaziert man durch einen Dschungel aus verschiedenfarbigen Orchideen. Hier werden laufend neue Exemplare gezüchtet und der Besucher kann die beeindruckende Vielfalt dieser wunderschönen Pflanzen erleben. Die Gewächshäuser findet man südlich des Zoos (41).

› Moulin de Ponterrin Street, Victoria Village, Trinity JE3 5HH, Tel. 01534 861963, www.ericyoungorchid.org, geöffnet: Febr.–Mitte Dez. Mi.–Sa. 10–16 Uhr, Erwachsene £ 6,50, Kinder bis 16 Jahre £ 2, Senioren £ 6

(43) Pallot Steam, Motor and General Museum ★ [G3]

Im Museum südwestlich von Trinity werden verschiedene **Maschinen wie Dampfwalzen und -lokomotiven, dampfbetriebene Orgeln und Traktoren** aus der Sammlung von Don Pallot (1910–1996) gezeigt.

› Rue de Bechet, Trinity JE3 5BE, Tel. 01534 865307, www.pallotmuseum.co.uk, geöffnet: April–Okt. Mo.–Sa. 10–17 Uhr, Erwachsene £ 8, Kinder bis 16 Jahre £ 3, Senioren £ 7

Unterkünfte

› **Undercliff Guest House** ££ <099> Les Charrieres de Boulay, Trinity JE3 5AS, Tel. 0800 1123058, www.undercliffjersey.com. Unterkunft für Selbstversorger, das Frühstück ist aber inklusive. Sehr schön in der ruhigen Bouley Bay gelegen, mit Blick auf das Meer. Eigener Pool. Vernünftiges Preis-Leistungs-Verhältnis.

› **Water's Edge Chalets** £££ <100> Bouley Bay, Trinity JE3 5AS, Tel. 01534 525550, www.watersedgejersey.com. Schöne Anlage von Chalets für Selbstversorger in der Bouley Bay mit Swimmingpool und Tauchschule. Private Gärten und direkter Zugang zum Strand. Nebenan im ehemaligen Hotel befindet sich ein Pub.

Einkaufen

› **Rondels Farm Shop** <101> Rue de Haut de l'Orme, Trinity JE3 5FG, Tel. 01534 863566. Großer Farmmarkt im Landesinnern mit angeschlossenem Café. Hier bekommt man alle Lebensmittel, die man benötigt.

Strände

Eine traumhafte Bucht ist **Bonne Nuit Bay** (s. S. 59). Hier erwarten den Besucher ein wunderschön gelegenes Strandcafé (s. S. 60) und schaukelnde Boote.

Mein Tipp

Spannende Kajaktour

Der Norden eignet sich wunderbar für eine Kajaktour. Eine beliebte Runde beginnt in der Bouley Bay und führt nahe an die Felsen heran. Vom Boot kann man die steilen Klippen und die darin nistenden Vögel beobachten. Die Tour führt zu einer kleinen Höhle, in die man unter Anleitung hineinpaddeln kann. Den Umkehrpunkt bildet eine Bucht, in der die Zeit stillzustehen scheint. Ein guter Anbieter ist Jersey Kayak Adventures:

› **Jersey Kayak Adventures** <103> La Grande Route de La Cote, St. Clement JE2 6FW, Tel. 07797 853033, www.jerseykayakadventures.co.uk

Weiter östlich liegt die **Bouley Bay** mit ihrem Steinstrand unterhalb eines Hotels. Hier finden oft Tauchkurse und Seekajakausflüge statt.

Der Name der Bucht stammt, genau wie der acht französischer Orte, von *bouleau,* einer Birkenart. Eigentlich wäre die Bouley Bay der ideale Ort für einen Hafen, wenn nicht die steilen Hügel dahinter wären, die den Transport von Waren, zumindest für regulären Warenverkehr, sehr schwierig gemacht hätten. Im Jahr 1828 wurde ein kleiner Pier errichtet, größere Bauten gab es hier nie, da zu wenig Fläche vorhanden ist.

Eine Geschichte über Bouley erzählt von einem **schwarzen Phantomhund.** Der Tchian d'Bouôlé spukt angeblich immer kurz vor Stürmen. Wahrscheinlich wurde diese Geschichte von Schmugglern in Umlauf gebracht, die verhindern wollten, dass Leute nachts hinausgehen und ihre Aktivitäten in der Bucht bezeugen könnten.

› **Bouley Bay** <102> Am Strand befindet sich ein Café.

Der Osten

Der Osten der Insel fasziniert bei Ebbe mit weiten Sandstränden, die im Südosten in ein beeindruckendes Felsenwatt übergehen. Die Sonnenaufgänge sind wunderschön. Eine perfekte Kulisse hierfür bietet Mont Orgueil Castle 48 oberhalb des Küstenörtchens Gorey 47. An der Ostküste befinden sich zahlreiche Martello-Türme (s. S. 70), die man zum Schutz vor den Franzosen errichten ließ.

Saint Martin

Im Nordosten liegt das landwirtschaftlich geprägte St. Martin, das früher Saint Martin le Vieux hieß. Im Ort selbst ist die **St. Martin's Parish Church** mit ihren wuchtigen Säulen im Innenraum von Bedeutung. Als einzige Gemeinde Jerseys werden die Geschäfte in St. Martin aus einer Public Hall geführt. Zur Gemeinde gehört der **schöne Hafen von Rozel** (s. S. 64), in dessen Nähe der **Dolmen von Couperon** 45 liegt. Nördlich von Gorey, das teilweise auf dem Gemeindegebiet von St. Martin liegt, findet man **St. Catherine's Breakwater** 46, die einzige Befestigungsanlage an der Ostküste, die fertiggestellt wurde. Mehrere Verteidigungstürme stehen entlang der Küste in Richtung Süden. Der **Archirondel-Turm** wurde 1792 errichtet und war ein wichtiger Verteidigungspunkt. Er verfügt über drei Ebenen sowie eine Terrasse, die einen schönen Blick auf die Bucht bietet, und kann für Übernachtungen gebucht werden (https://www.jerseyheritage.org/stay/heritage-lets/archirondel-tower). Der prähistorische Dolmen **La Pouquelaye de Faldouët** 50 befindet sich ebenfalls auf dem Gemeindegebiet.

44 Rozel ★★★ [I2]

Dieser schöne Ort liegt in der gleichnamigen Bucht, die nach Rosel Manor benannt ist. Die Häuser von Rozel schmiegen sich eng aneinander und vermitteln mediterranes Flair – ein traumhafter Ort. An der Hafenmauer kann man schön sitzen und die prächtige Landschaft genießen. Mit dem Kiosk The Hungry Man (s. S. 66) ist auch für das leibliche Wohl gesorgt.

Der Hafen von Rozel war bereits im 13. Jahrhundert in Gebrauch, da er einen natürlichen Schutz vor allen Stürmen außer den starken Nordstürmen bot. Rozel ist die alte Form des französischen Worts *roseau,* was Schilf oder Reet bedeutet.

Die Gemeinde wurde im 18. Jahrhundert als wahrscheinlicher Ankunftsort einer französischen Invasion angesehen, weshalb hier eine Kanone und ein Wachhaus errichtet wurden. Es folgten Befestigungen und schließlich Barracken, die allerdings heute nicht mehr vorhanden sind.

Unweit des Ortes liegt der sehenswerte Dolmen Couperon de Rozel 45.

45 Le Couperon de Rozel ★★ [I3]

Östlich von Rozel befindet sich die **prähistorische Grabstätte** Le Couperon de Rozel. Man folgt der Straße aus der Bucht den Berg hinauf bis zu einer Rechtskurve. Hier zweigt ein Pfad nach links zur Küste und zum Dolmen ab. Die Anlage ist von 18 Randsteinen umgeben und wurde zwischen 3250 und 2250 v. Chr. errichtet. Die 8 m lange, von einem großen Stein bedeckte Kammer ist umgeben von einem Ring aus 18 Randsteinen. 1868 fand hier die erste Ausgrabung statt, dabei fiel auf, dass die Decksteine in die Kammer gefallen waren. Diese Steine wurden im Zuge der Restaurierung gehoben und wieder als Decksteine eingebaut. Gefunden wurden Flintabschläge und Töpfereireste. 2016 wurde der Dolmen beschädigt, als bei einem Sturm eine benachbarte Kiefer umstürzte und den westlichen Deckstein zerbrechen ließ.

Blick auf die Bucht von Rozel

038je-mjm

› Anreise von St. Helier nach Nordosten bis St. Martin. Weiter geradeaus fahren entlang der Grande Route de Rozel. Dann nach rechts abbiegen in die Rue des Alleurs und vor dem Campingplatz nochmals rechts in die Rue des Pelles. Bald darauf nach links in die Rue du Scez und immer geradeaus bis zum Parkplatz fahren.

46 Saint Catherine's Breakwater ★ [J3]

Als die Franzosen im 19. Jahrhundert begannen, Cherbourg (Normandie) zu befestigen, bestanden Pläne, an der Ostküste Jerseys Verteidigungsanlagen zu bauen. St. Catherine's Breakwater ist die einzige dieser Anlagen, die je fertiggestellt wurde. Eigentlich sollte beim Archirondel-Turm (s. S. 63) noch eine zweite Mauer entstehen. Heute ist die **Mauer** ein beliebtes Ausflugsziel für Angler und Spaziergänger. Bei einem Besuch sollte man unbedingt bis zum Ende der Mauer hinausgehen. Der Blick auf die Küste ist von dort einfach wunderschön.

› Anreise von St. Helier nach Nordosten bis St. Martin. Dort rechts in die Grande Route de Faldouët einbiegen und bald links in die Rue de la Genestiere. Immer geradeaus hinunter zur Küste und dort nach Norden bis zu den Parkmöglichkeiten fahren.

Unterkünfte

› **Château La Chaire** (s. r.)

› **Jersey Accommodation and Activity Centre** £ <104> La Rue de La Pouclee et des Quatre Chemins, Faldouët, St. Martin JE3 6DU, Tel. 01534 498636, www.jerseyhostel.co.uk. Für Alleinreisende, Familien und Gruppen bietet das JAAC eine preisgünstige Unterkunft. Zusätzlich erwarten den Gast ein TV-Raum, eine Sauna, ein Wäscheraum, BBQ und jede Menge Spiele.

MEIN TIPP

Die wunderbaren Gärten von Château La Chaire

1841 schuf Samuel Curtis, der berühmte Botaniker und frühere Direktor von Kew Gardens (Botanischer Garten in London), die wunderbaren Gärten von La Chaire. Lange hatte er nach einem geeigneten Ort für sein subtropisches Pflanzenparadies gesucht. Hier fand er ein enges, grünes, steiles Tal, das in Ost-West-Richtung verläuft. An der Ostseite des Tals liegt die Rozel Bay, am westlichen Ende befindet sich ein hügeliges Gebiet, das La Chaire vor den starken Atlantik-Westwinden schützt. Die Südseite des Tals mutet mediterran an, steile, felsige Klippen mit von Sonne regelrecht ausgebackenen Böden und natürlichen Terrassen bestimmen die Szenerie. Die Nordseite ist deutlich weniger steil, dafür aber von üppiger Vegetation bedeckt. Hier vermengt sich die Wärme des Mittelmeers mit der Feuchte von Chile oder Tasmanien. Begünstigend wirkt auch die Abwesenheit von Frost.

In den verwunschenen Gärten kann man wunderbare Spaziergänge unternehmen und den herrlichen Blick nach Écrehous und zur französischen Küste genießen. Natürlich steht einer Einkehr im Hotel mit seinen dicken Eichendielen zum Cream Tea (s. S. 115) nichts im Wege.

› **Château La Chaire** ££££ <106> La Vallee de Rozel, St. Martin JE3 6AJ, Tel. 01534 863354, www.chateau-la-chaire.co.uk

› **Rozel Camping Park** £ <105> La Grande Route de Rozel, St. Martin JE3 6AX, Tel. 01534 855200, www.rozelcamping.com. Schöner Campingplatz mit Swimmingpool oberhalb von Rozel Bay. Man kann komplett eingerichtete Zelte mieten, aber auch sein eigenes Zelt mitbringen.

Essen und Trinken

- **Driftwood Beach Cafe** £ <107> Grand Route de la Cote, Archirondel, St. Martin JE3 6DY, Tel. 01534 852157, www.facebook.com/driftwoodcafe1. Unscheinbares Café in toller Lage am Strand vor dem Archirondel-Turm (s. S. 63).
- **Rozel Bay Tea Room** £ <108> La Brecque du Nord, St. Martin JE3 5BN, Tel. 01534 867150, www.rozelbaytearoom.co.uk, geöffnet: Mo., Di., Sa. 10–17, Mi., Fr., So. 10–20 Uhr. Ob man einen kompletten Afternoon Tea genießen, Scones (s. S. 115) oder leckeren Kuchen probieren möchte, man ist hier im kleinen, hübschen Tearoom auf alle Fälle richtig.
- **The Hungry Man** £ <109> Havre de Rozel, St. Martin JE3 5BN, Tel. 01534 863227, www.jersey.com/things-to-do/food-and-drink/listings/the-hungry-man. Kiosk am Hafen von Rozel Bay, an dem sich häufig lange Warteschlangen bilden. Hier gibt es Fast Food in verschiedenen Varianten, sogar vegetarisch.

Ein besonderer Tipp – The Hungry Man in Rozel

039je-mjm

47 Gorey ★★★ [I5]

Durch seine herrliche Lage an der Ostküste und das romantische Ambiente mit dem Mont Orgueil Castle 48 hat sich das schöne Städtchen zu **einer der beliebtesten Touristenattraktionen** entwickelt. Bei Ebbe kann man auf dem **Sandstrand** kilometerweit nach Süden durch die Royal Bay of Grouville (s. S. 78) wandern. Zu Beginn spaziert man dann entlang der schönen Uferpromenade. Der Ort gehört zu den Gemeinden St. Martin und Grouville.

In der Nähe von Gorey befindet sich zudem der **Dolmen de Faldouët** 50.

Obwohl St. Helier (s. S. 14) immer schon Hauptstadt und Sitz der Regierung Jerseys war, befand sich das Zentrum der Macht vier Jahrhunderte lang in der wichtigsten Festung Mont Orgueil Castle. Durch seine Lage war der Hafen schon immer von großer Bedeutung, auch weil er die kürzeste Verbindung zur französischen Küste darstellte. Im frühen 19. Jahrhundert wuchs der Ort schnell, als Hunderte von Austernfischern von der Südost-Küste Englands nach Jersey zogen. Die Bevölkerung verdoppelte sich und ungefähr 2500 Menschen arbeiteten in der **Austernindustrie.** 250 Boote brachten von jedem Fang 12.000 Austern zurück und bald schon waren die Austernbänke von Gorey überfischt. 1864 waren nur noch 20 Boote übrig geblieben, in der zweiten Hälfte des 19. Jahrhunderts entstand hier ein neuer Industriezweig: **Werften,** die zuvor kleine Austernboote gebaut hatten, konzentrierten sich nun auf große Schiffe. Auch dieser Industriezweig schrumpfte, als Schiffe aus Holz nicht länger benötigt wurden. Trotzdem ging das Leben in Gorey weiter, da dort immer

040je-mjm

noch Übungen des Militärs, Pferderennen und andere Aktivitäten stattfanden. Dank der Eastern Railway, die von St. Helier über Grouville nach Gorey führte, konnte man den Ort zudem mit der Eisenbahn erreichen.

48 Mont Orgueil Castle ★★★ [J4]

Direkt oberhalb des Hafens von Gorey erhebt sich majestätisch Mont Orgueil Castle, die **älteste Burganlage Jerseys**, die sich zudem in einem guten Zustand befindet. Sie stammt aus dem 13. Jahrhundert. Der Bau geht auf die Zeit zurück, als England die Normandie an Frankreich verloren hatte, die Inseln aber weiterhin zur englischen Krone gehörten. Den Namen Mont Orgueil (englisch Mount Pride) entstand erst im 15. Jahrhundert, zuvor hatte man es einfach „Gorey“ oder „King’s Castle“ genannt. Der Name wurde möglicherweise verliehen, nachdem 1374 Sir Reginald de Carteret die Burg erfolgreich gegen du Guesclin verteidigt hatte.

Die Burg war über Jahrhunderte Hauptsitz der strategischen Streitkräfte der Insel und des Gouverneurs. Die Mauern hielten einem Kanonenbeschuss allerdings nicht stand, weshalb man sich aufgrund der Einführung von Schießpulver nach einer Alternative umsah. Aus diesem Grund wurde Elizabeth Castle 1 vor St. Helier als Ersatz gebaut. Mont Orgueil Castle diente daraufhin lange Zeit als Gefängnis, wurde aber bereits früh im 20. Jahrhundert in ein Museum verwandelt. Im Zweiten Weltkrieg war die Burg von den Deutschen besetzt, wurde anschließend aber schnell wieder für Besucher geöffnet.

Vor Betreten der Burg spaziert man durch den **Outer Ward**, der teilweise als Garten angelegt wurde. Als Nächstes folgt der **Lower Ward**, den man über das Queen’s Gate und das Queen Elizabeth Gate zum **Middle Ward** verlässt. Im Keller besucht man die **Ausstellung zur Hexerei**, von 1562 bis 1736 fanden auf Jersey Hexenprozesse statt. Bis zum tatsächlichen Prozess verbrachten die vermeintlichen Hexen ihre restliche Zeit hier.

Am Hafen von Gorey

Zum Schluss gelangt man zum höchsten Punkt der Burg, dem **Mount.** Hier findet man **Wachtürme,** eine **Kapelle,** den **Wohnbereich** und die **Repräsentationsgebäude** und genießt einen wunderbaren Blick zur Küste Frankreichs.

› Castle Green Gorey, St. Martin JE3 6ET, Tel. 01534 853292, www.jerseyheritage.org/places-to-visit/mont-orgueil-castle, geöffnet: März–Oktober. tägl. 10–17.30, Nov.–Febr. tägl. 10–16 Uhr, Eintritt: Erwachsene £ 16,90, Kinder £ 11, Familien £ 50,20, Senioren £ 15,20

49 Victoria Tower ★ [J4]

Dieser steinerne Martello-Turm (s. S. 70) steht nördlich von Mont Orgueil Castle 48. Von hier hat man einen fantastischen Blick bis nach St. Catherine's Breakwater 46. Der Turm wurde 1837 erbaut und nach Königin Victoria benannt.

Am späten Nachmittag des 2.9.1846 erreichte die Royal Yacht mit drei Begleitschiffen die St. Aubin's Bay (s. S. 43). Die königliche Gesellschaft, bestehend aus Königin Victoria, Prinz Albert, dem Prinzen von Wales und anderen Gefolgsleuten, ging am nächsten Tag an Land. Nach einer Begrüßung und einer Prozession kam die Königin am Government House an, wo sie ihre Eskorte zurückließ. Sie hatte entschieden, dem Mont Orgueil Castle noch einen Besuch abzustatten. So kam der Turm zu seinem Namen. Er kann nicht besichtigt werden, aber der Platz ist einfach wunderschön.

› Anreise von St. Helier nach Osten über Gorey. Weiter geradeaus fahren entlang der A3 und dem Mont Orgueil Castle. Oben nach rechts in die Route de la Cote einbiegen und in der Nähe des Turms parken.

50 Dolmen de Faldouët ★★★ [I4]

Etwas oberhalb von Gorey 47 steht dieser Dolmen, der komplett zugänglich ist. Der historische Ort ist auf der Rückseite der 10p-Münze aufgeprägt. Er diente Victor Hugo (s. S. 88) als Inspirationsquelle, der 1855 während seines Exils auf Jersey das Gedicht „Nomen, numen, lumen" schrieb. Der Dolmen stammt aus dem Neolithikum (4000–3250 v. Chr.). Ein fünf Meter langer Gang führt in eine runde Kammer, die von einem großen Stein bedeckt wird. Dieser wiegt schätzungsweise 24 Tonnen und stammt aus einem Gebiet ungefähr einen halben Kilometer nördlich des Dolmen. Drei kleine **Seitenkammern** und zwei **Zisternen** gestalten den Rand der **Hauptkammer.** In den Jahren 1839, 1868 und 1910 fanden hier Ausgrabungen der Société Jersiaise (s. S. 120) statt. Gefunden wurden **menschliche Knochen** von mindestens drei Erwachsenen und zwei Kindern, wovon eines als komplettes Skelett in einer sitzenden Position in einer der Seitenkammern erhalten war. Daneben konnten Schalen, kleinere Kelche, zwei Vasen, Flintwerkzeuge, Äxte aus Stein, Hämmer, Schmuckanhänger aus Gabbro und Dolerit geborgen werden. Dieser Dolmen ist neben La Hougue Bie 51 eines von zwei Monumenten auf Jersey, dessen Öffnung genau auf die Tagundnachtgleiche ausgerichtet ist.

› Anreise von St. Helier nach Norden bis nach Five Oaks, dort nach rechts in die Princess Tower Road und vorbei an La Hougue Bie mit der B28 nach Osten. In Faldouët kurz nach Süden auf der B28, dann nach links in die Rue de la Pouciee et des Quatre Chemins einbiegen. Die nächste Straße, die Rue de Marettes, nach links nehmen und am Straßenrand parken.

Unterkünfte

- **Maison Gorey Hotel** ££ <110> Gorey Village Main Road, Gorey JE3 9EP, Tel. 01534 857775, www.maisongorey.com. Kleines, familiäres Hotel in ruhiger Lage, in dem man sich richtig wohlfühlen kann.
- **The Moorings Hotel** £££ <111> Gorey Pier, Gorey JE3 6EW, Tel. 01534 853633, www.themooringshotel.com. Sehr schön gelegenes Hotel mit spektakulärem Blick über den Hafen von Gorey, direkt am Fuße von Mont Orgueil Castle gelegen. Mit 15 Zimmern ist das Hotel relativ klein.

Essen und Trinken

- **Entwhistles Fish & Chip Shop** £ <112> Gorey Village, Grouville JE3 9EP, Tel. 01534 854603, www.entwhistles.je. Traditioneller Fish-and-Chips-Shop in Gorey. Seit 1982 serviert man in diesem Laden außerdem große Portionen frisch frittierten Fischs mit leckeren Pommes. Wenn man keinen Essig *(vinegar)* über seine Fish and Chips möchte, sollte man dies bei der Bestellung angeben.
- **Feast** ££ <113> 10–11 Gorey Pier, Gorey JE3 6EW, Tel. 01534 611118, www.feast.je. Das Restaurant am Hafen von Gorey befindet sich direkt unter der Burg. Gutes Essen, vor allem aus dem Meer, aber auch leckere Steaks finden sich auf der Speisekarte.
- **Sumas** £££ <114> Le Mont de Gouray, Gorey JE3 6ET, Tel. 01534 853291, www.sumasrestaurant.com. Ein kleines, aber feines Restaurant mit großartiger britischer Küche und mediterranem Flair.
- **The Bass and Lobster** ££ <115> Gorey Coast Road, St. Martin JE3 6EU, Tel. 01534 859590, www.jersey.com/basslobster. Gutes, gemütliches Restaurant mit sehr gutem Preis-Leistungs-Verhältnis. Es gibt leckere Gerichte wie hausgemachte Fischburger, geröstete Lammhaxe oder Jakobsmuscheln.

MEIN TIPP

Picknick vor Mont Orgueil Castle

Wenn man sich hinter der grünen Tür von Entwhistles (s. links) leckere Fish and Chips geholt hat, fährt man am besten hoch zur Burg 48. Auf der Wiese unterhalb der Anlage stehen jede Menge Bänke, die sich für ein gemütliches Picknick anbieten. Besonders schön ist das am Abend, wenn die Sonne schon etwas tiefer steht und die Umgebung in ein wunderbares Licht taucht.

Grouville

Grouville liegt im Südosten der Insel und hat mit der Royal Bay of Grouville einen bedeutenden Anteil an der Küste Jerseys. Die Pfarrkirche ist dem heiligen Martin von Tours gewidmet, weshalb sie „St. Martin de Grouville" getauft wurde.

Woher der Name Grouville kommt, ist unklar. Entweder wurde der Ort nach St. Gerou benannt, der von Karl dem Großen beschäftigt wurde, oder nach „Gros Villa", was großer Bauernhof bedeutet, auch eine Benennung nach dem Wikingerkönig Geirr ist denkbar. Bei La Rocque landeten 1781 die Franzosen. Auch hier steht eine Kirche, die im 19. Jahrhundert erbaut wurde. Sie wurde nach St. Peter benannt.

In der Gemeinde findet man zudem **La Hougue Bie** 51, eine beeindruckende Megalithanlage, die zu den bedeutendsten Sehenswürdigkeiten auf den Kanalinseln zählt. Hier ist auch der größte lokale Münzfund (750 kg) ausgestellt.

Heute ist die Bucht bei Touristen beliebt, bietet sie doch einen breiten sandigen Strand und flaches Wasser.

Martello-Türme

Ab 1794 baute man diese charakteristischen Wehrtürme auf den Kanalinseln. Ihr Aufbau orientierte sich ganz an den Verteidigungsbedürfnissen: rund mit Schießscharten in alle Richtungen und ein Platz für eine Kanone ganz oben. Der Zugang erfolgte nur über Leitern, die man leicht einziehen konnte. Als Vorbild diente ein korsischer Turm, der beinahe die Einnahme der Insel durch Engländer verhinderte. Eine ähnliche Wehrturmarchitektur war bereits zuvor üblich, weshalb es auf den Kanalinseln auch „falsche" Martello-Türme gibt, die vor 1794 errichtet wurden.

51 La Hougue Bie ★★★ [H4]

La Hougue Bie ist die **bedeutendste Megalithanlage der Insel** und eine der wichtigsten Sehenswürdigkeiten auf den Kanalinseln. Die Arbeiten an der Anlage begannen wahrscheinlich um 3500 v. Chr, der 12 m hohe Hügel über der Kultstätte wurde zwischen 2900 und 2500 v. Chr. errichtet. Auf dem Steinhügel befinden sich die **Kapellen Notre Dame de la Clarté** aus dem 12. Jahrhundert und die **Jerusalem Chapel** aus dem 16. Jahrhundert. Das beeindruckende Ganggrab besteht aus 70 Steinen. Man betritt es durch einen niedrigen Eingang und einen darauf folgenden Gang. Insgesamt ist die Kammer 20,4 m lang und bedeckt von 12,2 m Steinen und Erde. Der 9,7 m lange Gang führt in die Hauptkammer, die noch drei kleinere Seitenkammern besitzt. Die Räume sind kreuzförmig angeordnet. Der Hauptraum besteht aus einer 9 m langen und über 3 m breiten befestigten Höhle. Sie ist als **Heiligtum** etwas erhöht. In diesem Bereich gibt es eine Zisterne, eine Grube und drei *bétyles* (kleine, stehende Steine). Der Raum diente vermutlich als Versammlungsplatz für kultische Zwecke. Hinter dem Heiligtum gibt es einen weiteren Raum.

Der Eingang liegt in Richtung Osten, sodass exakt zweimal im Jahr anlässlich der **Tagundnachtgleiche** die aufgehende Sonne in den Gang bis in den hintersten Teil des letzten Raums scheint.

Bei der ersten Ausgrabung 1924/1925 fand man Fragmente von 20 Vasen, Stücke von Töpferwaren und Überreste von mindestens acht Personen. Offensichtlich wurde das Grab bereits zuvor betreten und es wurden Gegenstände entwendet.

Auf dem Gelände kann man ein **Museum** besuchen, in dem man viel über die Geschichte Jerseys und von La Hougue Bie erfährt. Hier ist auch der Hortfund von Grouville ausgestellt. Dabei handelt es sich um den **größten je in Westeuropa gemachten Hortfund.** Dieser wurde 2012 entdeckt und besteht aus ca. 70.000 keltischen Münzen, die mit Ton zu einem 750 kg schweren Klumpen verbacken sind.

Zudem steht hier auch ein **Bunker aus der deutschen Besatzungszeit.** In diesem befindet sich eine Gedenkstätte zur Erinnerung an die Zwangsarbeiter auf Jersey.

Einer alten **Sage** nach hauste ein Drache unter dem Hügel, den ein edler Normanne erschlug. Daraufhin ermordete dessen Diener den Edlen, um selbst als Drachentöter zu gelten und die Ehefrau des Toten zu heiraten. Da der Diener aber im Schlaf die Wahrheit sprach, ließ die getäuschte Ehefrau ihn hängen. Daraufhin errichtete sie den Hügel über dem Grab ihres edlen Ehemannes und baute an dessen Spitze eine Kapelle. Von dieser Legende leitet sich wahrscheinlich auch der Name der Anlage ab: *Hougue* ist die französische Variante des nordischen Worts *haugr*, was Hügel bedeutet, und *Bie* die Verkürzung des Namens des edlen Normannen Hambye.

› La Route de la Hougue Bie, Grouville JE3 9HQ, www.jerseyheritage.org/visit/places-to-visit/la-hougue-bie/, geöffnet: März–Okt. tägl. 10–17, Nov.–Febr. tägl. 10–16 Uhr, Eintritt: Erwachsene £ 12,50, Kinder £ 8,15, Familien £ 37,15, Senioren £ 11,25

Essen und Trinken

› **The Seymour Pub & Restaurant** ££ <116> La Rue du Puits Mahaut, Grouville JE3 9BU, Tel. 01534 854558, www.liberationgroup.com/the-seymour. Netter Pub, in den man nach einer Wanderung zum Seymour Tower (siehe rechts) noch einkehren kann.

Strände

Die **Bucht von Grouville** erstreckt sich vom gleichnamigen Ort (s. S. 69) zur südöstlichsten Ecke der Insel. 1797 wurde im Süden der Bucht eine Austernbank entdeckt. Seitdem boomt die Austernzucht und diese Muschelart hat sich zu einem richtigen Exportschlager entwickelt. Früher war die Bucht auch für ihren Seetang berühmt, der als Dünger genutzt wurde. Er wurde hier gesammelt und auf die Felder gebracht, bevor man Kartoffeln für das kommende Jahr pflanzte. Seetang wurde auch zum Heizen verwendet, was den Einwohnern von Grouville und St. Clement den Spitznamen „les Enfuntchins“ („die Rauchigen“) einbrachte.

Mein Tipp

Wanderung zum Seymour oder Icho Tower

Eine Wanderung bei Ebbe zum Seymour Tower oder zum Icho Tower ist ein sensationelles Erlebnis! Während der Zugang zum Seymour Tower relativ oft möglich ist, sind die Gelegenheiten für eine Wanderung zum Icho Tower deutlich seltener. Beide Strecken sind nicht ungefährlich zu gehen, man sollte sich daher unbedingt einer geführten Tour anschließen. Besonders empfehlenswert ist diejenige von Trudie Trox von Jersey Walk Adventures, einer Deutschen, die auf Jersey lebt. Es gibt sogar ein Angebot, bei dem man im Seymour Tower übernachten kann.

› **Jersey Walk Adventures** <117> La Grande Route de La Cote, St. Clement JE2 6FW, Tel. 07797 853033, www.jerseywalkadventures.co.uk

041je-mjm

▷ *Bei Ebbe kann man zum Seymour Tower wandern*

Die Bucht beeindruckte schon Königin Victoria bei ihrem Besuch 1846, sodass der Innenminister 1859 dem Bailiff schrieb, sie wünsche sich, dass die Bucht **Royal Bay of Grouville** genannt werde. An ihrer südlichen Seite ist die Bucht stark bebaut, aber am nördlichen Ende (von Gorey aus kommend) gibt es viele offene Flächen.

Die Bucht verfügt über gut acht Kilometer Strand mit Sumpfgebieten dahinter, die allerdings über die Jahre kleiner geworden sind. Während der deutschen Besatzung wurden hier über eine Million Tonnen Sand abgetragen, um den Beton für Bunker, Geschützstellungen und andere Befestigungen herstellen zu können. Die Deutschen bauten eine Eisenbahn von Gorey nach St. Helier (s. S. 14), um den Sand dorthin zu befördern, wo er gebraucht wurde.

In der Bucht steht eine Reihe von Martello-Türmen (s. S. 70). Südlich der Bucht, auf einer kleinen Felsinsel im Meer, befindet sich der bekannte **Seymour Tower** (s. S. 71). Bei Ebbe kann man auf einer geführten Tour zum Turm hinauswandern.

› **Bucht von Grouville** <118>

Saint Clement

St. Clement ist die **kleinste Gemeinde Jerseys.** Sie ist relativ dicht besiedelt, zählt aber aufgrund der schönen Lage am Meer zu einer der beliebtesten Wohngegenden der Insel. Bevor es den Damm von Le Dicq gab, war ein Großteil des Gemeindegebiets regelmäßig überflutet, da es tiefer als die Hochwasserlinie bei Flut liegt. Reste eines überfluteten Waldes finden sich unterhalb des Meeresspiegels bei Grève d'Azette, dem Wattgebiet vor St. Clement. Starke Fluten 1688, 1796 und 1812 spülten die Straße bei Le Hocq weg, sodass sie immer weiter ins Landesinnere verlegt werden musste. Der Turm von Le Hocq stammt aus dem Jahre 1778 und diente der Küstenverteidigung.

Zu vornormannischer Zeit kannte man die Region als Petravilla oder Pierreville. 1172 gab es hier bereits eine Kapelle und eine Abtei auf dem Gelände des ehemaligen Old Priory Inn. Im 16./17. Jahrhundert galt St. Clement als Zentrum der **Hexenbewegung.** Am Rocqueberg, dem sogenannten Witches' Rock (s. S. 73) bei St. Clement, versammelten sich einer Sage nach freitagnachts die Hexen, um ihre Hexensabbate abzuhalten (s. S. 12).

Im Süden der Gemeinde breitet sich bei Ebbe **Europas größtes Felsenwatt** aus. Diese beeindruckende Landschaft sollte aber nur mit Führer begangen werden. Kehrt die Flut zurück, wird es schnell gefährlich.

Ebenfalls einen Besuch wert ist **Samarès Manor** 52, einst das wichtigste Herrenhaus auf der Insel. Heute ist es eine beliebte Sehenswürdigkeit und bietet ein schönes Café sowie einen wunderbaren Botanischen Garten.

Die Bausubstanz der **Parish Church St. Clement** geht auf das 11. Jahrhundert zurück. Im Innern der Kirche gibt es schöne Fresken, die aus dem 15. Jahrhundert stammen.

Der berühmte Schriftsteller **Victor Hugo** lebte einige Zeit in Marina Terrace in St. Clement. Hier schrieb er die Gedichtsammlung **Les Châtiments.** Ein Konstable von St. Clement begleitete ihn auf ein Dampfschiff nach Guernsey 56, nachdem er die britische Königsfamilie in einigen seiner Briefe beleidigt hatte.

Witches' Rock

Die Legende von Hubert und Madeleine erzählt von einem frisch verlobten Paar. Der Mann, Hubert ging abends gerne lange spazieren. An einem dieser Abende führte ihn sein Weg zum Hexenfelsen in St. Clement und er entschied, sich hier einen Moment auszuruhen. Kaum hatte er sich hingesetzt, schlief er auch schon ein. Als er wieder aufwachte, waren die Felsen weg, stattdessen befand sich dort ein magischer Wald, in dem wunderschöne Mädchen um die Bäume tanzten. Hubert tanzte mit ihnen und versprach, die folgende Nacht wieder zu kommen. Als er nach Hause kam, erzählte er Madeleine davon. Sie riet ihm, die nächste Nacht nicht wieder dort hinzugehen, aber er hörte nicht auf sie. Madeleine erzählte die Geschichte einem Priester. Dieser empfahl ihr, ein Kruzifix vor ihren Körper zu halten und Hubert zu folgen. Als Madeleine schließlich am Hexenfelsen ankam, sah sie Hubert glücklich tanzen. Aber es gab keine hübschen Mädchen, nur hässliche alte Hexen. Madeleine lief mit erhobenem Kruzifix auf die Hexen zu, die laut schreiend verschwanden. Ihr Verlobter sank bewusstlos zu Boden.

Der angebliche Schauplatz dieser Geschichte – Witches' Rock – ist der Legende nach Treffpunkt für Hexen und Teufelsanbeter. Niemand mit gesundem Verstand würde sich diesem Ort an Freitagnächten überhaupt nur nähern, ganz besonders nicht bei Vollmond. An einem Punkt des Felsens kann man angeblich den Hufabdruck des Teufels sehen.

› **Witches' Rock** <119>

52 Samarès Manor ★★★ [H6]

Die Ursprünge von Samarès Manor gehen bis in die normannische Zeit im 11. Jahrhundert zurück. Neben der Einfahrt steht, kaum jünger, der vermutlich älteste Taubenturm der Insel. Das Anwesen ist Sitz der Familie Samarès, deren Name auf den Begriff „salse marais" zurückgeht, was so viel wie „salziger Sumpf" bedeutet und ein Hinweis auf die Bodenbeschaffenheit in der Umgebung ist. Samarès Manor war von 1160 bis 1337 zunächst im Besitz der Familie de St. Hilaires. Sie unterstützte den französischen König. Dadurch verlor sie Samarès Manor, behielt aber ihren Besitz in der Normandie und erhielt außerdem einen Teil der De-Carteret-Besitztümer im Cotentin dazu.

1367 kaufte die Familie Payn das Anwesen.

Mabel Payn erbte später Samarès Manor und heiratete Jean Dumaresq. Das Herrenhaus blieb für acht Generationen und über 200 Jahre in Besitz der Familie Dumaresq. Als George Carteret die Insel für Charles I. eroberte, floh Henri Dumaresq nach London. Carteret befahl das Fällen aller Bäume auf dem Grundstück, das dann in ein Camp für die Ehefrauen von Verbannten des Parlaments umgewandelt wurde. Sie wurden im Anschluss nach Frankreich deportiert.

Henris Sohn Philippe beanspruchte später das Herrenhaus zurück und war der erste Besitzer, der die **berühmten Gärten** entwickelte. Sie umfassten auch einen kleinen Weinberg, den es 70 Jahre später immer noch gab, als das Anwesen an Jean Seale verkauft wurde. Zwanzig Jahre später wurde es erneut verkauft, diesmal an Jacques Hammond, dessen Enkel es 1846 an Edward Mourant verkaufte. Die Familie Mourant

042je-mjm

besaß das Herrenhaus für drei Generationen und verkaufte es schließlich an einen Händler aus Japan. 1924 erwarb Sir James Knott den Besitz und erschuf einen neuen Garten, den es bis heute gibt. Er füllte den Kanal auf, brachte Unmengen an Erde aus der ganzen Insel hierher, um den Sumpf trockenzulegen. Er importierte anschließend exotische Pflanzen aus den Ländern des Mittelmeers. James Knott beschäftigte vierzig Jahre lang vierzig Gärtner, um den Garten anzulegen und gab ein Vermögen für Samarès Manor aus. Sehr schön ist der **Japanische Garten** im hinteren Teil. Direkt beim Herrenhaus befindet sich ein **Kräutergarten.** Wunderbar sind auch die vielen Rosen, die neben dem Kräutergarten blühen.

James Knott hinterließ das Anwesen seiner Frau, die erneut heiratete und Mrs. Elizabeth Obbard wurde. Heute gehört das Herrenhaus ihrem Sohn Vincent.

In einem Nebengebäude des Herrenhauses kann man ein kleines **Museum** mit alten landwirtschaftlichen Geräten und Kutschen besuchen, die man früher zur Fortbewegung auf Jersey nutzte. Im **Café,** das ebenfalls zum Anwesen gehört, gönnt man sich einen Tee oder genießt bei warmen Temperaturen einen Eiskaffee. Auf dem Gelände befindet sich in einem runden Turm ein **Taubenschlag aus dem 12. Jahrhundert.** Dieser ist vermutlich der älteste Taubenschlag auf der Insel.

Neben den Gärten kann man das Herrenhaus zweimal täglich (um 11.30 und 14.30 Uhr) im Rahmen einer Führung besichtigen. Dabei

Absolut sehenswert: Samarès Manor 52

Die Reise der Louisa Journeaux

Am Sonntag, den 18. April 1886, überredete ein junger Franzose die 17-Jährige Louisa aus St. Clement zu einem Ausflug im Mondschein. Zu diesem Anlass ruderten die beiden hinaus in die St. Aubin's Bay vor St. Helier (s. S. 43). Bereits auf dem Rückweg verlor der Franzose eines der Ruder, da es ihm aus der Hand glitt und sofort weggetrieben wurde. Als er dann mit einem Ruder das Boot drehen wollte, rutschte auch das zweite Ruder weg, also sprang er aus dem Boot und wollte beide Ruder zurückholen. Dies misslang allerdings, sodass er an Land schwamm, um Hilfe zu holen. Dummerweise zogen die einsetzende Ebbe und die damit verbundene starke Strömung das kleine Boot schnell auf das offene Meer. Das losgeschickte Rettungsboot kehrte ohne Hinweise auf Louisa zurück. Der Franzose wurde von der Polizei festgenommen, da man ihn für ihr Verschwinden und vielleicht sogar ihren Tod verantwortlich machte, man konnte ihm dies jedoch nicht nachweisen und musste ihn freilassen. Am 24. April reiste er nach Paris ab. Als schließlich am 10. Mai ein Telegramm der Regierung Neufundlands ankam, staunten Louisas Eltern nicht schlecht: „Daughter Louisa picked up near England and landed at St. George's Bay. Quite well."

Louisa kämpfte ab Mitternacht des 18. April mit starkem Regen. Erst am zweiten Tag hatte sie Glück, da ein Segelschiff von Frankreich auf sie zukam. Kapitän Edouard Landgren nahm sie 32 km westlich von Jersey auf. 28 Tage war sie mit dem Schiff unterwegs. Am 19. Mai landete es in der St. George's Bay in Neufundland. Starke Winde hatten verhindert, dass Kapitän Landgren Louisa direkt nach Jersey hätte zurückbringen können.

In Neufundland kleidete man Louisa zunächst neu ein, dann aß sie mit dem Gouverneur im Government House zu Abend. Erholt brach Louisa schließlich am 2. Juni 1886 auf der Siberian nach Liverpool auf. Dort nahmen sie ihre Eltern in die Arme. Kapitän Landgren erhielt eine Auszeichnung von Jersey, in Neufundland wurde ein Bach in der St. George's Bay „Journeaux Brook" genannt. Louisa arbeitete in einem Kurzwarenladen in St. Helier, heiratete einen Londoner und starb 1939 im Alter von 75 Jahren.

sieht man Porträts sowie Möbel von John Knott und seiner Familie ebenso wie Schiffsmodelle und Souvenirs von Afrikareisen von Elizabeth Obbard.

› La Grande Route de Saint-Clement, St. Clement JE2 QW, Tel. 01534 870551, www.samaresmanor.com, geöffnet: März–Anf. Nov. 9.30–17 Uhr, Eintritt: Erwachsene £ 9,75, Senioren £ 8,75, Führungen durch das Haus: Erwachsene £ 3,95, Senioren £ 3,65

53 Dolmen de Mont Ubé ★ [H6]

Der Dolmen befindet sich etwas östlich von Samarès Manor 52 und wurde vor 6000 Jahren gebaut. Er wurde 1848 entdeckt. Der Gang ist 5 m lang und führt in eine ovale Kammer mit vier Zellen. Leider wurden die Decksteine, ebenso wie die Randsteine des Hügels, entfernt. Bei Ausgrabungen wurden verbrannte Knochen, Töpferwaren, Steinäxte und Steinanhänger gefunden.

Lillie Langtry

Die Schauspielerin Lillie Langtry, geboren als Emilie Charlotte Le Breton auf Jersey, lebte vom 13. Oktober 1853 bis zum 12. Februar 1929. Als berühmte Schönheit wurde sie die „Jersey-Lilie“ genannt. Sie hatte eine Reihe berühmter Liebhaber, darunter Albert Edward, der ab 1901 als Edward VII. König des Vereinigten Königreichs war. Sie war die einzige Tochter von William Corbet Le Breton, dem Dekan von Jersey, der aufgrund seiner Affären keinen guten Ruf genoss. Nachdem ihn seine Frau verlassen hatte, kehrte er Jersey 1880 den Rücken. 1842 heiratete er Lillies Mutter in Chelsea.

Emilie wurde von ihren Freunden Lillie genannt. Sie besaß sechs Brüder und war die jüngste unter den Geschwistern. Da die französische Gouvernante nicht mit ihr klarkam, wurde sie vom Tutor ihrer Brüder unterrichtet und für eine Frau zur damaligen Zeit ungewöhnlich gut ausgebildet.

1874 heiratete sie im Alter von 20 Jahren den 26-jährigen irischen Landbesitzer Edward Langtry, den Schwager der Frau ihres Bruders. Er war wohlhabend genug, um eine Jacht zu besitzen. Emilie wollte unbedingt, dass er sie von den Kanalinseln wegbrachte. Schließlich mieteten sie eine Wohnung im Londoner Stadtteil Belgravia.

Lord Ranelagh war ein Freund ihres Vaters und ihrer Schwägerin. Von ihm wurde Lillie Langtry zu einem Empfang der Oberschicht eingeladen, wo sie aufgrund ihrer Schönheit und ihres Scharfsinns auffiel. Sie trug ein einfaches schwarzes Kleid und keinen Schmuck, dies wurde ihr Markenzeichen. Bevor der Abend endete, hatte der Künstler Frank Miles einige Zeichnungen von ihr erstellt, die auf Postkarten berühmt wurden. Ein anderer Gast, Sir John Everett, malte später ihr Porträt. Ihr Spitzname wurde durch die große Popularität des Porträts von Millais weithin bekannt: „A Jersey Lily“. Das Gemälde sorgte für große Aufmerksamkeit, als es an der Royal Academy ausgestellt wurde. Lillie hält auf dem Porträt eine Guernsey-Lilie, keine Jersey-Lilie, da während der Erstellung des Gemäldes kein solches Exemplar zur Verfügung stand. In der Folge war sie in Londons Gesellschaft ein gefragter Gast und regelmäßig flatterten Einladungen ins Haus. Ihr Ruhm gelangte schließlich bis an den Königshof. Edward Prinz von Wales arrangierte es, an einer Dinnerparty am 24. Mai 1877 neben ihr zu sitzen. Ihr Ehemann wurde an das andere Ende des Tisches gesetzt. Obwohl der Prinz mit Prinzessin Alexandra verheiratet war und sechs Kinder mit ihr hatte, war er ein wohlbekannter Schürzenjäger. Er verliebte sich in Lillie und sie wurde seine semioffizielle Geliebte.

Lillie erzeugte die gleiche Hysterie wie heutzutage berühmte Film- oder Popstars. Die Presse, der Klatsch, die Fans und ihre Kritiker, alle warteten, was als nächstes passieren würde. Sie konnten gar nicht genug von dem Mädchen von Jersey bekommen. Oscar Wilde sagte über sie: „Ich hätte lieber Lillie Langtry entdeckt als Amerika.“

Mit Prinzessin Alexandra verband Lillie eine respektvolle und liebevolle Beziehung. Da der Prinz nicht nachgab, wurde Mrs. Langtry auch seiner Mutter, Königin Victoria, vorgestellt. Lillies Humor kam in der Kopfbedeckung zum Ausdruck: drei ins Haar gesteckte, große, weiße Straußenfedern, das Emblem des Prinzen von Wales. Man weiß

043je

nicht, wie Königin Victoria darauf reagierte, aber es ist überliefert, dass sie ein Bild von Lillie über dem Bett von Prinz Leopold, ihrem jüngsten Sohn, entfernte.

Die Affäre dauerte von 1877 bis 1880. Edward ließ das Red House (heute Langtry Manor Hotel) in Bournemouth 1877 als Rückzug für das Paar erbauen und erlaubte es Lillie, die Inneneinrichtung zu gestalten. Ihre Beziehung erkaltete offiziell, als sie sich auf einer Dinnerparty daneben benahm.

Im April 1879 begann Lillie eine Affäre mit Prinz Louis von Battenberg, obwohl sie zu dieser Zeit bereits mit Arthur Clarence Jones eine Beziehung eingegangen war. Im Juni 1880 wurde sie schwanger. Es ist sicher, dass ihr Ehemann nicht der Vater war. Lillie ließ Prinz Louis glauben, er wäre der Vater. Als er es seinen Eltern gestand, brachten sie ihn dazu, auf dem Kriegsschiff HMS Inconstant anzuheuern. Mit etwas Geld des Prinzen von Wales zog sich Lillie mit Arthur Jones nach Paris zurück. Am 8. März 1881 kam ihre Tochter Jeanne Marie zur Welt.

Ihr Freund Oscar Wilde empfahl ihr, eine Bühnenkarriere zu beginnen. Im Dezember 1881 folgte ihr Debüt in London mit dem Stück „She Stoops to Conquer“ im Haymarket-Theater. Im folgenden Herbst ging sie auf ihre erste Tour durch die Vereinigten Staaten und feierte große Erfolge, die sie in den Folgejahren wiederholen konnte. Obwohl die Kritiker sie regelmäßig verurteilten, liebte das Publikum Lillie.

1897 nahm sie die amerikanische Staatsbürgerschaft an und ließ sich im gleichen Jahr von ihrem Ehemann Edward Langtry scheiden. Er starb einige Monate später an den Folgen eines Unfalls. 1888 kaufte sie ein Weingut in Kalifornien und produzierte Rotwein, verkaufte das Objekt aber 1906 wieder, es existiert noch heute.

1899 heiratete sie den deutlich jüngeren Hugo Gerald de Bathe. Er sollte später den Titel eines Barons erben und zu einer bedeutenden Person in der Welt der Pferderennen werden, bevor er sich an seinen Alterssitz in Monte Carlo zurückzog. Während ihrer letzten Jahre lebte Lillie in Monaco unweit ihres Ehemanns. Sie nutze ihre Bekanntheit, um für Kosmetikprodukte und Seifen zu werben.

Lillie Langtry starb 1929 in Monaco und wurde auf dem Friedhof der St. Saviour's Church (s. S. 78) auf Jersey beigesetzt.

› Anreise von St. Helier bis zum Samarès Manor, kurz daran vorbei und nach links in das Sträßchen La Blinerie einbiegen. Am Straßenrand parken. Alternativ zu Fuß vom Parkplatz am Samarès Manor.

Unterkunft

› **Pontac House Hotel** ££ <120> La Grande Route de la Cote, St. Clement JE2 6SE, Tel. 01534 857771, www.pontachouse.com. Familiengeführtes Hotel in großartiger Lage direkt an der Südküste östlich von Le Hocq. Bei Flut ist das Meer nur fünfzig Meter vom Hoteleingangstor entfernt. Von den Zimmern mit Meerblick hat man eine fabelhafte Aussicht. Halbpension möglich. Restaurant mit sehr leckerem Essen. Außenpool und Garten laden zum Entspannen ein.

Saint Saviour

Die Gemeinde St. Saviour ist stark ländlich geprägt und reicht im Südwesten bereits an die Ausläufer von St. Helier (s. S. 14). Ein kleiner Küstenstreifen beim Damm Le Dicq gehört ebenfalls zu ihr. St. Saviour ist hinsichtlich der Bevölkerung die **zweitgrößte Gemeinde** der Insel. Der Gouverneur von Jersey hat auf dem Gemeindegebiet seinen Wohnsitz.

54 Saint Saviour Parish Church ★★ [G5]

Der Ort besitzt mit der **Pfarrkirche Saint Saviour** eine der schönsten Kirchen der Insel. Sie hat einen viereckigen, stumpfen Turm, eine Besonderheit auf der Insel. Hier befindet sich auch die Urne von Lillie Langtry, einer Geliebten von König Eduard VII., die in St. Saviour geboren wurde (s. S. 76)

› Anreise von St. Helier nach Norden bis St. Saviour. Die Kirche befindet sich im Ortszentrum, dort parken.

Unterkunft

› **Longueville Manor** ££££ <121> Longueville Road, St. Saviour JE2 7WF, Tel. 01534 725501, www.longuevillemanor.com. Hier übernachtet man in einem echten Herrenhaus aus dem 14. Jahrhundert. Das Hotel serviert exquisites Essen aus der hervorragenden Landhausküche und lädt in ein Boutique-Spa ein. Nicht gerade günstig, aber ein Aufenthalt hier ist ein ganz besonderes Erlebnis.

Wellness

› **The Cottage Garden** £££ <122> im Longueville Manor, Longueville Road, St. Saviour JE2 7WF, Tel. 01534 725501, www.longuevillemanor.com/the-cottage-garden. Unbedingt vorab reservieren. Das märchenhafte Ambiente des Herrenhauses mit dem wunderschönen Rückzugsort des Cottages ist eine echte Insel für Erholungsuchende. Es werden verschiedene Anwendungen angeboten.

Strände

Eine große, weite Sandbucht ist die **Royal Bay of Grouville**, die zu Strandspaziergängen und zum Baden einlädt. Die kleinen Buchten **Anne Port** und **Havre de Fer** nördlich von Gorey 47 sind ebenfalls sehr beliebt und lohnend.

Wunderschön ist der kleine Hafen von **Rozel Bay**, allerdings ist er zum Baden durch den Steinstrand nur bedingt geeignet.

› **Royal Bay of Grouville** <123> Kiosk, Toiletten, Cafés und Pub
› **Anne Port** <124>
› **Havre de Fer** <125>
› **Rozel Bay** <126> Toiletten, Café und Pub in der Nähe, Geschäfte im nahen Ortszentrum

AUSFLÜGE ZU DEN NACHBAR-INSELN

086je-mjm

55 Sark ★★★

Sark ist die zweitkleinste Kanalinsel. Sie ist 5,5 km² groß und wird gerne als **einsames Naturparadies** bezeichnet. Von Jersey aus kann man die Insel mit einem Seesafariboot (s. S. 109) besuchen. Sark besteht aus zwei Teilen – Great Sark und Little Sark –, die mit einem schmalen **Isthmus (Landbrücke)**, genannt **La Coupée**, verbunden sind. Auf diesem wurde 1945 von Kriegsgefangenen der deutschen Besatzer eine schmale Betonstraße angelegt.

Gerade **Little Sark** ist wunderschön. Alte, verträumte Cottages und viele blühende Blumen verzaubern vor allem im Frühling. Auf Sark gibt es viele liebliche **Sand- und Kiesbuchten**, aber auch eindrucksvolle felsige Küstenabschnitte, zudem warten einige **Höhlen und Seewasserpools** an den Küsten auf ihre Entdeckung durch die Urlauber. Von einer selbstständigen Begehung der Höhlen ohne Führer muss allerdings abgeraten werden. Besonders eindrucksvoll sind die Höhlen bei der **Gouliot Passage**, die Sark von der Nachbarinsel Brecqhou trennt. Spannend ist, dass in den Höhlen einzigartige Habitate entstehen, weshalb es sogar Seeanemonen gibt. Von einem Hochplateau führen schmale, teilweise steile Wege zu den Buchten.

Verwaltungstechnisch gehört die Insel mit ihren 600 Einwohnern zu Guernsey, ist aber verfassungsrechtlich selbstständig.

Auf der Insel wird schon seit langer Zeit **biologische Landwirtschaft** betrieben, da Düngemittel zum Schutz des Trinkwassers verboten sind.

Der höchste Punkt Sarks, **Le Moulin**, ist 114 m hoch. Dort steht eine Windmühle aus dem Jahr 1571, deren Flügel leider im Ersten Weltkrieg entfernt wurden. Im Süden von Little Sark befinden sich zwei natürliche Schwimmbecken: **Venus Pool und Adonis Pool**, die beide bei Hochwasser frisches Meerwasser erhalten.

Da auf der Insel keine Autos fahren, ist es wirklich sehr beschaulich. Man bewegt sich zu Fuß, mit dem Fahrrad oder mit einer Kutsche über die Insel. Die Ankunft auf Sark erfolgt über den **gezeitenunabhängigen Maseline Harbour.**

Direkt daneben liegt Creux Harbour, an dem viele Fischerboote und Jachten ankern.

Unbedingt besichtigen sollte man die **Parkanlagen des Herrenhauses La Seigneurie**, dem Amtssitz des Seigneurs. Der Garten ist ein wahres Paradies für Pflanzenliebhaber. Die Grundmauern stammen aus dem 16. Jahrhundert. Das Herrenhaus selbst mit seiner Kapelle wurde im 18. Jahrhundert erbaut. Westlich des Anwesens liegt der **Strand Port du Moulin.** Direkt vor den Stufen, die zum Strand hinunterführen, beginnt ein Weg zum **Window in the Rock.** Durch dieses Felsenfenster wurden von den Bauern Seetang vom Meer heraufgezogen, um ihn auf den Feldern Sarks als Dünger auszubringen.

◁ Vorseite: Auf der Landbrücke zwischen Little Sark und Great Sark

▷ Das Herrenhaus La Seigneurie auf Sark

Das Lehnswesen auf Sark

Sark wird von einem Seigneur regiert. Das Amt wird in Erbfolge weitergegeben, auf der Insel existiert zudem noch ein Lehnssystem. An den Seigneur wird Pacht für die Pachtgrundstücke abgeführt, dieser wiederum entrichtet seine Pacht an den König. 1564 verpachtete Königin Elizabeth I. Sark dauerhaft an Helier de Carteret, den Seigneur von St. Ouen auf Jersey. Dieser teilte die Insel in 40 Grundstücke auf und gab diese einzeln weiter. Dieses feudale Landbesitzsystem besteht bis heute, zu Beginn des 21. Jahrhunderts reduzierten sich allerdings die Privilegien des Seigneurs.

Dadurch war es **die am längsten überlebende feudale Regierung** in Europa. Erst im Dezember 2008 wurde die erste Wahl auf Sark abgehalten. Der 2016 verstorbene letzte Feudalherr Sarks war John Michael Beaumont. 2008 blieb er zwar Lehnsherr der Insel, andere Privilegien musste er jedoch abgeben. Nach seinem Tod übernahm sein Sohn Christopher Beaumont die Lehen.

1990 scheiterte eine **„Invasion“**, als der arbeitslose Physiker André Gardes nach Sark kam, um Beaumont abzusetzen und sich zum Feudalherrn zu erklären. Die Einwohner glaubten zuerst an einen Scherz. Der freiwillige Constable Perrée nahm die Drohung dagegen ernst. Er fand Gardes auf einer Parkbank mit einer automatischen Waffe. Anschließend beglückwünschte er den Eindringling zur Wahl seiner Waffe und bat ihn, sie begutachten zu dürfen. Dann nahm er die Waffe und schlug Gardes auf die Nase. Damit endete die Invasion. Die Waffe kann heute im Museum auf Sark besichtigt werden.

Sark hält auch die Gerichtsbarkeit über die kleine Nachbarinsel **Brecqhou**, die westlich von Greater Sark liegt. Brecqhou befindet sich seit 1993 im Besitz der Barclay-Brüder, den Miteigentümern der Zeitung The Daily Telegraph. Diese bestreiten allerdings, dass Brecqhou Teil von Sark sei. Sie pochen auf die Eigenständigkeit der Insel mit dem Hinweis, dass sie in keiner der Urkunden über Sark erwähnt wird.

Da es auf Sark keine Geldautomaten gibt, sollte man entweder genug Bargeld mitbringen oder mit Karten bezahlen. Manchmal kann man bei Kartenzahlung noch direkt Geld mit abheben.

Eine **Seesafaritour** (s. S. 109) von Jersey dauert 8 Stunden und kostet für Erwachsene £ 70 bzw. für Kinder £ 65. Die Schiffe legen an der Ostküste von Sark im Maseline Harbour an. Dieser ersetzte den älteren Nachbarhafen Creux Harbour.

Anreise

Die Anreise erfolgt über Jersey Seasafaris (s. S. 109). Auf der Website findet man die Tage, an denen der Ausflug stattfindet. Man hat 5 bis 6 Stunden Zeit, um die Insel zu erkunden.

Infos und Reisetipps

› **Sark Tourism Office** <127> The Avenue, Sark, Tel. 01481 832345, www.sark.co.uk, geöffnet: Mo.–Sa. 9–17 Uhr

Veranstaltungen

› **Sarkfest** (Facebook: SarkSF). Musik von Livebands unterschiedlicher Musikrichtungen, Zelte mit leckerem Essen, Handwerk, Yogaveranstaltungen, Chorsingen. Das Festival findet jedes Jahr im Juli statt.

Unterkünfte

Es gibt eine Menge Unterkünfte auf Sark, die man auf der Seite des Tourismusbüros (www.sark.co.uk) finden und buchen kann. Neben zwei Hotels findet man hier auch eine große Anzahl von schönen Bed and Breakfasts, Cottages und zwei Campingplätze.

› **La Sablonnerie Hotel** £££ <128> Little Sark, Sark GY10 1SD, Tel. 01481 832061, www.sablonneriesark.com. Kleines Hotel in Little Sark. Gemütliche Zimmer im typisch englischen Stil. Wenn Sie am Nachmittag Lust auf einen hervorragenden Sark Cream Tea (s. S. 115) haben, dann sind Sie hier richtig. Leckere Gerichte mit Zutaten aus dem eigenen Hof und den eigenen Gärten. Halbpension möglich.

› **Stocks Hotel** ££££ <129> Sark GY10 1SD, Tel. 01481 832001, www.stockshotel.com. Familiengeführtes Luxushotel im Herzen der Insel. Hier findet man Gastfreundschaft in Kombination mit zeitgenössischem Komfort. Das Restaurant nutzt, wenn möglich, lokale Produkte, wie Meeresfrüchte oder Kräuter aus dem eigenen Garten. Dieser wird übrigens nach den Prinzipien der Permakultur gepflegt.

› **Sue's B&B** ££ <130> Cae de Mat, Sark GY10 1SA, Tel. 01481 832107, www.suebnb.com. Idyllischer großer Garten,

KURZ & KNAPP

Sarks Gärten

Wunderschöne Privatgärten gibt es auf Sark viele, man darf diese normalerweise jedoch nicht betreten. Von Mai bis September kann man aber freitags an einem organisierten Spaziergang teilnehmen und einzelne Gärten besuchen, am besten fragt man beim Sark Tourism Office (siehe links) nach.

moderne luftige Zimmer. Sue's B&B hat bereits den Breakfast Award der Organisation Quality In Tourism gewonnen. George bietet Ausflüge mit seinem Boot an, er kann jede Menge zeigen und erzählen.

Essen und Trinken

› **Caragh's tea garden** ££ <131> nahe La Coupée (Landbrücke), Sark GY10 1SD, Tel. 01481 832703, www.caraghchocolates.com. Café neben der grandiosen Schokoladenproduktion von Caragh, einem Familienbetrieb. Die Schokolade ist ein Muss, auch den Lieben zu Hause kann man etwas mitbringen. In kleinen Blockhütten gibt es auch Übernachtungsmöglichkeiten.

› **Hathaway's** ££ <132> La Seigneur Gardens, Sark GY10 1SF, Tel. 01481 832209, www.hathawayssark.com. Wunderbar gelegen in La Seigneur Gardens. Leckere Gerichte von einem nach französischer Tradition ausgebildeten Koch. Hervorragender Cream Tea (s. S. 115). Abends Reservierung erwünscht.

56 Guernsey ★★★ [S. 84]

Guernsey ist nach Jersey die **zweitgrößte der Kanalinseln.** Sie verfügt über eine Fläche von 65 km² und mehr als 65.000 Einwohner. Aufgrund ihrer Lage nordwestlich von Jersey spürt man Wind und Wetter etwas stärker als auf Jersey.

Guernsey kann mit der **Fähre,** die täglich zwischen den Inseln verkehrt, bequem von Jersey aus erreicht werden. Obwohl die Überfahrt nur eine Stunde dauert, wird man bei einem Tagesausflug nicht die Zeit haben, sich die gesamte Insel anzuschauen und muss sich auf ein paar der vielen Sehenswürdigkeiten konzentrieren. Natürlich sollte man auf Guernsey wie auf Jersey einen eigenen Urlaub verbringen und dadurch die Schönheit der Insel besser kennenlernen. Genau wie Jersey ist auch diese Insel ein Landschaftsparadies, das zum Wandern, Entdecken und Erkunden einlädt.

Die Insel sieht von oben aus wie ein Dreieck, bei dem Süd- und Ostküste mit knapp 10 km etwa gleich lang sind. Da der Golf von St. Malo (siehe „Das Spiel der Gezeiten" auf S. 118) hier weniger schützend wirkt, sind auch die **Temperaturen** auf Guernsey im Schnitt um 2 °C niedriger als auf Jersey. Aus diesem Grund findet man auf der Insel viele Gewächshäuser.

Auch auf Guernsey gibt es **Megalithanlagen,** was eine Besiedelung um 4500 v. Chr. beweist. Es gibt Hinweise auf Kontakte zur römischen Bevölkerung und Kultur. Im 6. Jh. begann die Christianisierung von Guernsey wahrscheinlich durch den keltischen Missionar St. Sampson.

Da Guernsey im 13. Jahrhundert den englischen König unterstützte, wurde es in der Folge immer wieder von Franzosen angegriffen. Deshalb erbaute man **Castel Cornet, Vale Castle und Château de Marais.** Allerdings waren Guernseys Bewohner dem englischen König gegenüber nicht so loyal wie Jerseys Bürger, weshalb im Englischen Bürgerkrieg im 17. Jahrhundert zwischen dem königstreuen Gouverneur und der Bevölkerung große Spannungen auftraten. Zu dieser Zeit zählte Guernsey etwa 7500 Einwohner, die aufgrund des lukrativen Seehandels, Pirate-

Fort
Hommet
Cob
Vazon
Fief Thomas
Blondel Beach
Mont Chinchon
Battery
Lihou
Le Creux
es Faies
Colin Best
Nature Reserve
Perelle
Gun
Battery
L'Ereé
La Houguette
Saint Saviour's
Nature Reserve
Fort
Grey
Fort
Pezeries
Portelet
Beach
Le Coudré
Les Brehauts
Airport
Table des
Pions
Pleinmont
63 Torteval
German
Occupation
Museum
Observation Tower
MP4 L'Angle
Mont Herault
Watch House
Le Bigard
La Prevôté
Watch House

1cm = 650 m
0
1 km
© Reise Know-How 2024
Fort Le Marchant
Fort Doyle
Pembroke Bay
Beaucette Marina
L'Ancress Common
Rousse Tower
Amarreurs Harbour
Pulias
64 Vale
Bordeaux Harbour
Oatland Village
Vale Castle
Grandes Rocques
Grand Fort
Les Capelles
Les Genâts
Delancey Park
Saumarez Park
Folk and Costume Museum
Les Varendes
Guernsey Museum in den Candie Gardens
61
Poole, Portsmouth UK
St. Peter Port
57
Town Church 59
Hauteville House 60
58
Castle Cornet
Saint Malo, FR
Saint Helier, JE
Clarence Battery
German Military Underground Hospital
The Ozanne Steps
Saint Martin
62
Le Viliaze
Fermain Beach
Jerbourg
Saints Bay Tower
Petit Pot Bay
Icart
Petit Port
Saints Bay

KURZ & KNAPP

Auguste Renoir

Der berühmte Maler besuchte 1883 sowohl Jersey als auch Guernsey, dabei entstanden 18 Gemälde, die heute auf der ganzen Welt verstreut sind. Den Großteil der Gemälde schuf er in der Moulin Huet Bay auf Guernsey. Auf seine Ölgemälde bannte er lichtdurchflutete Küstenlandschaften.

rie und Schmuggel rasch anwuchs. Die deutsche Besatzung bedeutete auch für Guernsey einen starken Einschnitt. Nach dem Krieg erholte sich die Insel aber schnell wieder, indem die Finanzindustrie und Touristen nach Guernsey geholt wurden.

57 Saint Peter Port ★★★ [S. 84]

Die Inselhauptstadt St. Peter Port ist einfach wunderschön. Mit ihren **hübschen Häusern**, die die sanften Hänge hinaufsteigen, und den beeindruckenden **Jachthäfen** ist sie auf alle Fälle einen Besuch wert.

Nahezu ein Drittel der Inselbevölkerung lebt in St. Peter Port. An der Ostküste breitet sich die Stadt über die Hügel aus, im Süden befindet sich die **wilde Steilküste** und im Norden verbinden sich Hafen und Stadt unmerklich mit St. Sampson. Im Zentrum lassen sich die Fußgängerzone, Parkanlagen, aber auch Geschäfte oder Restaurants und Pubs erkunden. Besonders sehenswert sind die Straßen Le Pollet, High Street, Smith Street und Cornet Street. In Le Pollet stehen die Häuser so eng, wie es im 18. Jahrhundert üblich war. Das **Moores Central Hotel** ist eines der alten Stadthäuser. Die **High Street** markiert die Haupteinkaufsstraße mit den wichtigsten Geschäften. Die **Cornet Street** lag im Zentrum des mittelalterlichen St. Peter Port, das älteste erhaltene Gebäude ist ein vierstöckiges Haus, in dem sich der **National Trust** befindet. Im Erdgeschoss kann man ein Geschäft aus der viktorianischen Zeit besuchen (Guernsey's unique Victorian Shop, s. S. 92).

58 Castle Cornet ★★ [S. 84]

Herrlich liegt die Burg in der Hafenbucht von St. Peter Port. Kam man früher nur bei Niedrigwasser zu Fuß zu der kleinen Insel, auf der sie steht, so kann man heute gemütlich über den Castle Pier aus dem 19. Jahrhundert spazieren. Die Burgwälle sind ein großartiger Anblick, in der Anlage selbst gibt es einiges zu entdecken. Höhepunkt eines Besuchs ist sicherlich der Kanonendonner der **Noonday Gun**, die täglich um 12 Uhr mittags abgefeuert wird. Jeden Tag startet um 10.30 Uhr eine geführte Tour im Außenbereich der Burg.

Die ältesten Teile der Burg datieren auf das Jahr 1204. In diesem Jahr verlor König John die Herrschaft über die Normandie, allerdings behielt er die Kanalinseln, die sich nun gegen die Franzosen verteidigen mussten. Das war auch der Grund, warum Castle Cornet erbaut wurde. Mit der Burg wollte man den **geschäftigen Hafen von St. Peter Port 57 schützen.**

Im September 1338 übernahmen die Franzosen schließlich Castle Cornet und konnten es sieben Jahre lang halten, ehe es 1345 von den Engländern zurückerobert wurde. Dabei beschädigten Sie die Burg stark, sodass viele Teile danach erneut erbaut werden mussten.

1435 entstand mit dem **Gunners Tower** der erste Turm, der eine Kanone trug. Da im 16. Jahrhundert neue Befestigungen notwendig wurden, bauten die Gouverneure **neue Außenwälle** um das mittelalterliche Fort und schufen so die Burg, wie sie heute besichtigt werden kann.

Als 1642 der Englische Bürgerkrieg ausbrach, erklärte der Gouverneur Sir Peter Osborne Guernsey und besonders Castle Cornet als loyal gegenüber dem englischen König. Daraufhin gab es immer wieder Gefechte und Belagerungen der Burg. Castle Cornet war die letzte Hochburg der Königstreuen, bis sie sich 1651 schließlich ergab.

Von 1661 bis 1670 wurde Major-General Sir John Lambert in der Burg gefangen gehalten. Da er ein passionierter Gärtner war, fügte er der Burg einen **Garten** hinzu. 1672 zerstörte ein Blitz Teile der Burg, darunter die Räume des Gouverneurs Lord Hatton, die große Halle und die Kapelle. Diese wurden nicht wieder errichtet. Lord Hatton überlebte zwar, seine Ehefrau, seine Mutter und fünf weitere Personen starben jedoch. In der Folge lebte kein Gouverneur mehr auf der Burg.

Im 18. Jahrhundert kamen **Kasernen** hinzu: 1745 die Lower Barracks für die Royal Artillery, etwas später die Upper Barracks für die Infanterie. Um 1800 befand man die Burg als ungeeignet für die Garnison, deshalb ersetzte Fort George in St. Peter Port die Burg als Hauptkaserne.

Während der Besatzung durch die Deutschen von 1940 bis 1945 nannte man die Burg **Stützpunkt Hafenschloss.** Im Zweiten Weltkrieg beherbergte sie ein Flugabwehrgeschütz der Luftwaffe. Viele Veränderungen wurden an der Burg in dieser Zeit durchgeführt, um den Anforderungen der modernen Kriegsführung gerecht zu werden.

In der Burg befinden sich fünf Museen. Besonders sehenswert ist das **Maritime Museum.** Hier erfährt man alles über die Geschichte des Hafens von St. Peter Port. Es sind viele Schiffsmodelle, Wracks und historische Dokumente ausgestellt.

Weitere Museen sind das **201 Squadron Museum**, das der Guernsey-Staffel der Royal Air Force gewidmet ist, das **Royal Guernsey Light Infantry Museum** und das **Royal Guernsey Militia Museum**, welche die Geschichte der Royal Guern-

Der Hafen von Saint Peter Port

084je-mjm

sey Militia und der Light Infantry zeigen. Im **Burgmuseum** gibt es eine Ausstellung über die Geschichte der Burg und Informationen zu archäologischen Ausgrabungen, die im Burgbereich stattgefunden haben.

1947 übergab König Georg VI. den Insulanern ihr Castle Cornet als Geschenk.

› Castle Emplacement, St. Peter Port GY1 1AU, https://museums.gov.gg/CastleCornet, geöffnet: Mitte März–Ende Okt. tägl. 10–17 Uhr, Eintritt: Erwachsene £ 11, Kinder £ 3, unter 7 Jahren frei

59 Town Church ★ [S. 84]

Bereits Anfang des 11. Jahrhunderts wurde die Town Church erstmals in einer Urkunde erwähnt. Wahrscheinlich gab es hier aber bereits seit dem 8. Jahrhundert eine Kirche. Umfassende Veränderungen wurden im 15. Jahrhundert vorgenommen. Die Innengestaltung stammt aus dem frühen 19. Jahrhundert. Sehenswert ist das Old Contemptibles Window aus dem Jahr 1975. Nahe der Orgel im südlichen Querschiff springt einem ein aus Granit gemeißelter Tierkopf entgegen, der sowohl Löwe als auch Schaf ist.

› Church Square, St. Peter Port GY1 2LD, www.townchurch.net

60 Hauteville House ★★ [S. 84]

Hier war **Victor Hugo** während seines Exils zu Hause und schrieb dort so bedeutende Werke wie „Les Misérables" und „Die Arbeiter des Meeres".

Um 1800 erbaut, hatte das Anwesen den **Ruf eines Geisterhauses**, bevor Victor Hugo das Gebäude erwarb. Er lebte hier von 1856 bis 1870, kam in späteren Jahren aber für kürzere Aufenthalte zurück. 1927 übergaben seine Nachkommen das Haus an die Stadt Paris. Die Inneneinrichtung hatte Victor Hugo komplett selbst gestaltet, weshalb so ziemlich alles hier eine symbolische Bedeutung hat. Man kann hier die fantasievolle Inneneinrichtung des Hauses entdecken. So wurden zum Beispiel Stuhllehnen als Wanddekoration oder Sitzschalen als Wandfliesen eingearbeitet. Viele Dinge im Hause haben eine Bedeutung: Man kann an verschiedenen Stellen Initialen und Sinnsprüche entdecken.

› Hauteville House, 38 Hauteville, St. Peter Port GY1 1DG, Tel. 01481, 721911, www.visitguernsey.com/experiences/activities/victor-hugo-house-hauteville-house, geöffnet: April–Sept. Do.–Di. 10–16 Uhr (nur mit Führung, Reservierung notwendig), Eintritt: Erwachsene £ 12, ermäßigt £ 10, Kinder unter 18 Jahren frei

61 Guernsey Museum in den Candie Gardens ★★ [S. 84]

Das Museum steht mitten in den herrlichen Candie Gardens. Diese allein sind schon einen Besuch wert, da hier **Pflanzen aus der gan-**

KURZ & KNAPP

Victor Hugo

Der französische Romancier Victor Hugo verbrachte insgesamt rund 20 Jahre auf den Kanalinseln. Besonders berühmt sind seine Werke „Les Misérables" und „Notre Dame de Paris". Während der Herrschaft Napoleons III. wurde er ins Exil verbannt. Nach einem kurzen Aufenthalt in Brüssel zog er 1851 nach Jersey. Er lebte in Saint Clement (s. S. 72), allerdings nur drei Jahre, da man ihn anschließend auswies. So zog er weiter nach Guernsey, wo er von 1855 bis 1870 wohnte und 1872 für ein Jahr zurückkehrte.

Rundgang durch St. Peter Port

Nach der Ankunft mit der Fähre spaziert man nach links über den St. Julian's Pier Richtung Innenstadt. Dabei kommt man am **Liberation Monument** vorbei, das anlässlich des 50. Jahrestages der Befreiung Guernseys errichtet wurde. Entweder über die St. Julian's Ave oder die kleineren Straßen Le Truchot und Rue de Frênes Hospital Lane erreicht man **Candie Gardens mit dem Guernsey Museum** 61. Von dort spaziert man zum **Victoria Tower** (siehe unten) an der Arsenal Road und dem **Candie Cemetery** (siehe unten). Zurück an der Rue de Frênes Hospital Lane, geht man über La Plaiderie in die Fußgängerzone über die Straßen **Pollet** und **High Street.** Jetzt geht es zur **Town Church** 59. Dahinter zweigt man in die **Cornet Street** ein und kommt zum **viktorianischen Laden im Haus des National Trusts** (s. S. 86). Cornet Street und Hauteville bringen einen zum **Haus von Victor Hugo** 60, das 2019 komplett renoviert wurde. Kehrt man am viktorianischen Geschäft um, spaziert man am Prinz-Albert-Denkmal am Hafen nach Süden und über den Castle Pier zum **Castle Cornet** 58. Nach der Besichtigung kann man am Hafen entlang vorbei an der **Touristeninformation** (s. S. 91) zum Ausgangspunkt zurückflanieren.

zen Welt blühen. 1871 vermachte die Familie Priaulx ihr Anwesen den States of Guernsey. 1896 neu gestaltet, spaziert man heute durch Kamelien, Palmen, Magnolien, Azaleen und Hortensien. Vom höher gelegenen Teil der Gärten genießt man einen traumhaften Blick über den Hafen bis nach Herm 65, Jethou und Sark 55, manchmal sogar bis Jersey. Die Gärten sind bis zur Dämmerung geöffnet.

Im **Museum** gibt es diverse Ausstellungen: In dem Abschnitt „Early People of Guernsey" erhält man einen Einblick in die Geschichte der Insel. Daneben erwarten die Besucher weitere Räume mit Kunstgegenständen, Fotografien, Gemälden und Skulpturen.

› Candie Gardens, St. Peter Port GY1 1UG, Tel. 01481 726518, https://museums.gov.gg/candiegardens, geöffnet: Anf. Nov.–Mitte März tägl. 10–16, Mitte März–Anf. Nov. tägl. 10–17.30 Uhr

In der Umgebung von Candie Gardens sollte man unbedingt noch den **Victoria Tower** und den **Candie Cemetery** besuchen. Vom Turm genießt man einen grandiosen Blick, der über die Kanalinseln teils bis zur französischen Küste reicht. Der Friedhof ist stilistisch an den berühmten Pariser Friedhof Père Lachaise angelehnt. Auch die **Priaulx Library** ist sehenswert. Sie befindet sich im ehemaligen Wohnhaus der Familie Priaulx und umfasst einen umfangreichen Bestand an Publikationen über die Kanalinseln.

› **Victoria Tower** <133> Arsenal Road, St. Peter Port. Den Schlüssel für eine Besichtigung erhält man im Guernsey Museum während der Öffnungszeiten des Museums.

› **Candie Cemetery** <134> Arsenal Road, St. Peter Port

› **Priaulx Library** <135> Candie Road, St. Peter Port GY1 1UG, Tel. 01481 721998, www.priaulxlibrary.co.uk, geöffnet: Mo.–Sa. 10–17 Uhr

62 Saint Martin ★★★ [S. 84]

Im Südosten von Guernsey gelegen, besitzt die Gemeinde St. Martin den **schönsten Küstenabschnitt der Insel.** Herrliche Spaziergänge führen durch die traumhaften Straßen in Richtung Icart Point.

Am Eingang zum Friedhof der **Parish Church** steht **der berühmte Menhir „Gran' mère du Chimquière"** („Großmutter des Friedhofs"). Diese Erd- oder Muttergottheit stammt aus zwei Epochen: Vor 1800 v. Chr. bearbeitete man den 1,5 m hohen Granitstein zu einer weiblich anmutenden Figur mit Brüsten, verschränkten Armen und einem Gürtel. Um 200 bis 300 n. Chr. kamen verstärkte Gesichtslinien, Locken um das Gesicht und ein Mantelumhang hinzu. Bis heute opfert man hier Münzen, Blumensträuße und Blumenkränze, um für Fruchtbarkeit und Glück zu bitten.

Großartig ist eine **Wanderung auf dem Küstenpfad.** Die Steilküste ist teils bewaldet, dann wieder steht man mitten in blumenübersäten und farnbewachsenen Hängen. Fantastische Felsformationen ziehen die Besucher in ihren Bann, genauso wie die malerischen Buchten. Unbedingt sollte man die **Fermain-Bucht** besuchen, die schon Victor Hugo (s. S. 88) begeisterte. Bei Ebbe entsteht hier ein windgeschütztes Badeparadies. Im Süden der Bucht kann man die Höhle Le Grand Creux entdecken.

Vom südlichsten Punkt von Guernsey, Icart Point, kann man ebenfalls zu einer Wanderung starten. Icart Point liegt ca. 100 m über dem Meeresspiegel. In beide Richtungen führt der Pfad in eine grandiose Landschaft.

63 Torteval ★★ [S. 84]

Am südwestlichsten Zipfel Guernseys befindet sich die Gemeinde Torteval. Hier bildet die Landschaft ein Hochplateau, das **Pleinmont Headland,** das zu allen Seiten steil abfällt. Im Norden schließt die Portelet Bay an die Pleinmont-Hochebene an. Dort findet man eine **beeindruckende Steinkonstellation,** genannt **Table des Pions.** Bis heute gibt dieser Steinkreis Forschern Rätsel auf. Die Natur von Torteval ist wirklich malerisch. Die **Gemeindekirche St. Philippe de Torteval** besitzt einen runden Turm, dessen Form unüblich für eine Kirche ist. Das Gotteshaus wurde 1818 erbaut, in ihm schlägt die älteste Glocke der Insel.

Der höchste Bereich der Gemeinde ist ein **Naturschutzgebiet.** Die Südküste von Torteval besteht fast ausschließlich aus schroffen Klippen, von denen sich spektakuläre Blicke bieten.

64 Vale ★★★ [S. 84]

Ganz im Norden von Guernsey liegt die Gemeinde Vale. **Wunderschöne, idyllische Sandstrände,** oft umgeben von Dünen, gehören zum Gemeindegebiet. **Kleine, traumhafte Buchten** laden zum Entspannen ein.

Beeindruckend ist die **Grabanlage Le Déhus,** die an der Hauptstraße nach Norden gelegen ist. Eine kleine Tür gibt tagsüber bis zur Dämmerung den Zugang frei. Der Innenraum ist beleuchtet (Lichtschalter innen direkt neben der Tür). Über dem 10 m langen Grab gibt es einen Grabhügel. Das Grab verfügt über eine Haupt- und mehrere Seitenkammern. Der Dolmen wurde um 3500 v. Chr. errichtet.

Herrlich ist auch die **Dünenregion L'Ancresse Common.** Einige Martello-Türme (s. S. 70) wurden an der Küste erbaut, allerdings sind es keine originalen Martello-Türme, da sie bereits vor 1794 entstanden.

Fähren

› Informationen zu allen Fährverbindungen finden sich unter www.directferries.com. Die Fähren nach Guernsey fahren vom Hafen auf Jersey ab. Die Strecke wird sowohl von Condor Ferries als auch von Manche Iles betrieben. Die Verbindungen sind von der Jahreszeit abhängig. Condor Ferries (www.condorferries.co.uk) fährt in der Regel einmal täglich nach Guernsey. Die Fahrt kostet ca. 70 €. Manche Iles (www.manche-iles.com) fährt dagegen meistens nur einmal wöchentlich. Die Preise verstehen sich für Hin- und Rückfahrt inkl. Fahrzeug. Ohne Fahrzeug ist die Fahrt deutlich günstiger.

Infos und Reisetipps

› **Guernsey Information Centre** <136> North Esplanade, St. Peter Port GY1 3AN, Tel. 01481 723552, www.visitguernsey.com, geöffnet: Mo.–Sa. 9–17 Uhr, So. 9–14 Uhr

Unterkünfte

Guernsey bietet zahlreiche schöne Unterkünfte. Diese Auswahl konzentriert sich auf St. Peter Port 57, da man im Rahmen eines Ausflugs wahrscheinlich maximal eine Nacht auf der Insel verbringen wird und so schnell am Fähranleger ist.

› **Les Rocquettes Hotel** £££ <137> Les Gravées, St. Peter Port GY1 1RN, Tel. 01481 722146, www.lesrocquettesguernsey.com. Am Stadtrand befindet sich dieses ehemalige Landhaus, das bereits 1765 erbaut wurde. Im exzellenten Oak Restaurant genießt man lokale Produkte. Entspannen kann man in Bars und Lounges sowie im Hallenbad mit Whirlpool und Sauna.

› **St. Georges Guest House** ££ <138> 21 St. George's Esplanade, St. Peter Port GY1 2BG, Tel. 01481 721027, www.stgeorges-guernsey.com. Familiengeführtes B&B, von dem man großartige Blicke auf das Meer hat, in Nähe des Hafens und des Zentrums.

› **The Duke of Normandie Hotel** £££ <139> Lefebvre Street, St. Peter Port, Guernsey GY1 2JP, Tel. 01481 721431, https://dukeofnormandie.com. Preisgünstiges Hotel in der Nähe des Hafens mit Parkplatz im Innenhof. Die Lage ist ausgesprochen ruhig und im hoteleigenen Restaurant werden sehr gute Gerichte angeboten.

› **The Old Government House Hotel & Spa** ££££ <140> St. Ann's Place, St. Peter Port GY1 2NU, Tel. 01481 724921, www.theoghhotel.com. Das liebevoll „OGH" genannte Hotel war ursprünglich die Residenz des Gouverneurs, heute dient es als wunderschönes Luxushotel, in dem man üppig dekorierte Zimmer vorfindet. Im Curry Room genießt man authentische indische Küche, in The Brasserie geht es etwas informeller zu. Im Wellnessbereich des Hotels gibt es einen Außenpool, einen Whirlpool, Sauna und Dampfbad. Fünf Minuten zu Fuß vom historischen Zentrum entfernt, liegt es einfach perfekt für einen Kurztrip.

Essen und Trinken

› **Beetons Baristas and Bites (Chip Shop)** £ <141> La Pitronnerie Road, St. Peter Port GY1 2RG, Tel. 01481 715175. Mit Preisen ausgezeichneter Imbiss, der neben den traditionellen Fish and Chips auch weitere Gerichte anbietet. Leckerer Barista-Kaffee.

- **COCO Mini Brasserie** £ <142> South Esplanade, St. Peter Port GY1 1AN, Tel. 01481 725632, www.cocoguernsey.co. Moderne, französische Brasserie, besonders leckeres und günstiges Frühstück.
- **Hideaway** ££ <143> Moores Hotel, Le Pollet, St. Peter Port GY1 1WH, Tel. 01481 724452, https://mooresguernsey.com/Patisserie.html, geöffnet: Mo.–Sa. 8 Uhr bis zum frühen Abend. Hier gibt es den vielleicht besten Kuchen von ganz Guernsey, oft auch österreichische Spezialitäten. Ab 14 Uhr wird typischer Afternoon Tea mit Gurken- und Lachssandwiches serviert, Scones mit Marmelade und Guernsey-Sahne sowie einer Auswahl von leckeren Kuchen und Törtchen. Dazu gibt es Tee oder Kaffee.
- **Le Nautique** £££ <144> Quay Steps, St. Peter Port GY1 2LE, Tel. 01481 721714, www.lenautiquerestaurant.co.uk, geöffnet: Di.–Sa. 12–14, 18.30–22 Uhr. Seafood-Restaurant, bekannt für frische Gerichte quasi direkt aus dem Meer. Es wird von einem deutschen Koch betrieben, der in Top-Restaurants in Deutschland und der Schweiz tätig war. Es gibt auch ein vegetarisches Menü.
- **Red Grill House** £££ <145> 61 The Pollet, St. Peter Port GY1 1WL, Tel. 01481 700299, www.red.gg, geöffnet: Lunch Mo.–Fr. 12–14.30 Uhr, Dinner Mo.–Sa. 18–21.45 Uhr, Drinks Mo.–Sa. 17–0.45 Uhr. Absolute Überzeugungstäter bezüglich Wein und Fleisch sind hier am Werk. Daher sollte man unbedingt einkehren – nicht nur für eine Zwischenmahlzeit.
- **The Doghouse** £ <146> Rohais, St. Peter Port GY1 1YW, Tel. 01481 721302, www.doghouse.gg. Beste Livemusik bei großartigen Weinen und Cocktails. Wer einen gemütlichen Platz für ein Abendessen sucht, ist hier genau richtig.
- **The Hook** ££ <147> North Plantation, St. Peter Port GY1 2LQ, www.thehook.gg, Guernseys angesagte Sushi Bar, ein Fisch- und Steakrestaurant erwarten den Besucher an der Uferpromenade mit perfektem Blick über Victoria Harbour. Sushi auch als frisch zubereitetes Takeaway. Für das Mittagessen gelten sehr attraktive Fixpreise.
- **The Old Quarter** £££ <148> Mansell Street, St. Peter Port GY1 1HP, Tel. 01481 727268, www.oldquarter.co.uk, geöffnet: Lunch Di.–Sa. 12–14 Uhr, Dinner Mo.–Sa. ab 18 Uhr. Kleines, gemütliches Restaurant, in dem schnörkellose Gerichte mit irischem Touch geboten werden.

Einkaufen

- **Guernsey's unique Victorian Shop** <149> 26 Cornet Street, St. Peter Port GY1 1LF, Tel. 01481 728451, https://nationaltrust.gg/places/victorian-shop-parlour, geöffnet: Ende März–Juli, Sept.–Anfang Okt. Mo.–Sa. 10–16, August Di.–Sa. 10–16 Uhr

Aktivitäten

- **Outdoor Guernsey** <150> Pumpkin Cottage, L'Erée, St. Pierre du Bois, Tel. 01481 267627, https://outdoorguernsey.gg. Anbieter von Outdooraktivitäten – von Kanutouren und Stand-up-Paddling über Klettern bis zum Tontaubenschießen u. v. m.

65 Herm ★★★

Herm ist nur 2 km² groß und somit **die kleinste der bewohnten Kanalinseln.** Auch hier gibt es keine Autos und so ist die Insel **ein Paradies für Naturliebhaber und Erholungsuchende.** Herm gehört verwaltungstechnisch zu Guernsey. Im Norden gibt es wunder-

081je-mjm

bare flache Sandstrände, während im Süden eine Steilküste dominiert. Die kleine Insel kann man an einem Tag umwandern und so ihre Schönheit ausgiebig genießen. Man erreicht sie bequem mit dem Schiff von Guernsey 56. Bei einer **Kajaktour** kann man die Insel in zwei Stunden umrunden. Sehr schön ist auch die **Puffin Patrol** (Puffin: engl. Papageientaucher), mit der man sich auf die Spuren der niedlichen und leider immer seltener werdenden Papageientaucher begibt. Die zweistündige Tour kostet £47,50 pro Person. Um teilnehmen zu können, muss man mindestens 8 Jahre alt sein. Anbieter (auch der Kajaktour) ist Outdoor Guernsey (s. S. 92).

Es gibt sogar ein wunderschönes Hotel auf Herm. Wer hier nächtigt, wird von der Ruhe begeistert sein, die nachts auf der Insel herrscht – und von der nächtlichen Dunkelheit, die einen einzigartigen Blick in den Sternenhimmel ermöglicht. Das Hotel bietet auch Cottages und Campingmöglichkeiten.

› **White House Hotel** £££ <151> Herm Island GY1 3HR, Guernsey, Tel. 01481 750000, www.herm.com/where-to-stay/white-house-hotel

Anreise

Die Anreise erfolgt über **Jersey Seasafaris** (s. S. 109). Auf der Homepage findet man die Tage, an denen Ausflüge durchgeführt werden. Diese dauern jeweils 8 Stunden.

66 Écréhous ★★

Nordöstlich von Jersey gelegen, ist die kleine Inselgruppe ein echter Geheimtipp. Niemand lebt hier, jedoch kann der Besucher hier einen traumhaften Tag erleben, auch dank einiger Wochenendhäuschen. Auf die Inselgruppe kommt man nur mit dem Boot. Die **Sonnenauf- und -untergänge sind einfach grandios.** Die Inselchen fallen unter ein Naturschutzabkommen, die Ramsar-Konvention, weshalb man hier neben einer großen Anzahl von Vögeln und Fischen

Herm, die kleinste bewohnte Kanalinsel, ist ein ideales Ziel für Ruhesuchende

mit etwas Glück auch Delfine wie Große Tümmler und den Gemeinen Delfin beobachten kann, aber auch Kegelrobben und Riesenhaie hat man hier schon gesehen.

Aufgrund des extrem großen Tidenhubs sollte man einen ortsansässigen **Skipper** wählen. Meist wissen die „Locals" auch jede Menge interessanter Dinge zu Tierwelt und Natur zu erzählen.

Wer es etwas wagemutiger mag, kontaktiert einen **Kajakanbieter** und unternimmt eine geführte Kajaktour. Es gibt zwei- und dreistündige Trips zu den Inseln. Bucht man eine zweistündige Tour, beträgt der Preis £ 49,99 für Erwachsene bzw. £ 44,99 für Kinder unter 16 Jahren. Für die dreistündige Tour zahlen Erwachsene £ 59,99, Kinder unter 16 Jahren £ 54,99.

› Boots- und Kajaktouren bei **Jersey Seafaris** (s. S. 109)

Auch **Jersey Walk Adventures** (s. S. 71) bietet Ausflüge zum **Wandern** nach Écréhous an, ebenfalls ein sehr schönes Erlebnis.

068je©Bruno Delacotte, stock.adobe.com

Anreise

Die Anreise erfolgt über **Jersey Seafaris.** Auf der Website findet man die Tage, an denen Ausflüge durchgeführt werden. Die Ausflüge dauern 2 oder 3 Stunden.

67 Les Minquiers ★★

Auch zu der kleinen Inselgruppe Les Minquiers gelangt man nur mit dem Boot. Ein gutes Stück südlich von Jersey gelegen, findet man auf den Minquiers ein echtes Paradies vor: **Kristallklares Wasser und wunderbar goldener Sand** zeichnen die Inselgruppe aus. Auf der größten Insel der kleinen Gruppe, **Maîtresse Île**, gibt es ein paar Sommerhäuser. Auch hier kann man jede Menge Vögel beobachten, besonders im Frühjahr, wenn sie brüten.

Während der nicht ganz halbstündigen Überfahrt kann man vielleicht schon **Robben** und **Delfinen** beim Spielen zusehen. Der Ausflug dauert drei Stunden und kostet £ 68,99 für Erwachsene bzw. £ 63,99 für Kinder unter 16 Jahren (mit Jersey Seafaris).

Anreise

Die Anreise erfolgt über **Jersey Seafaris** (s. S. 109). Auf der Homepage findet man die Tage, an denen Ausflüge durchgeführt werden. Die Ausflüge dauern 3 Stunden.

‹ *Auf der kleinen Inselgruppe Les Écréhous* 66

JERSEY AKTIV

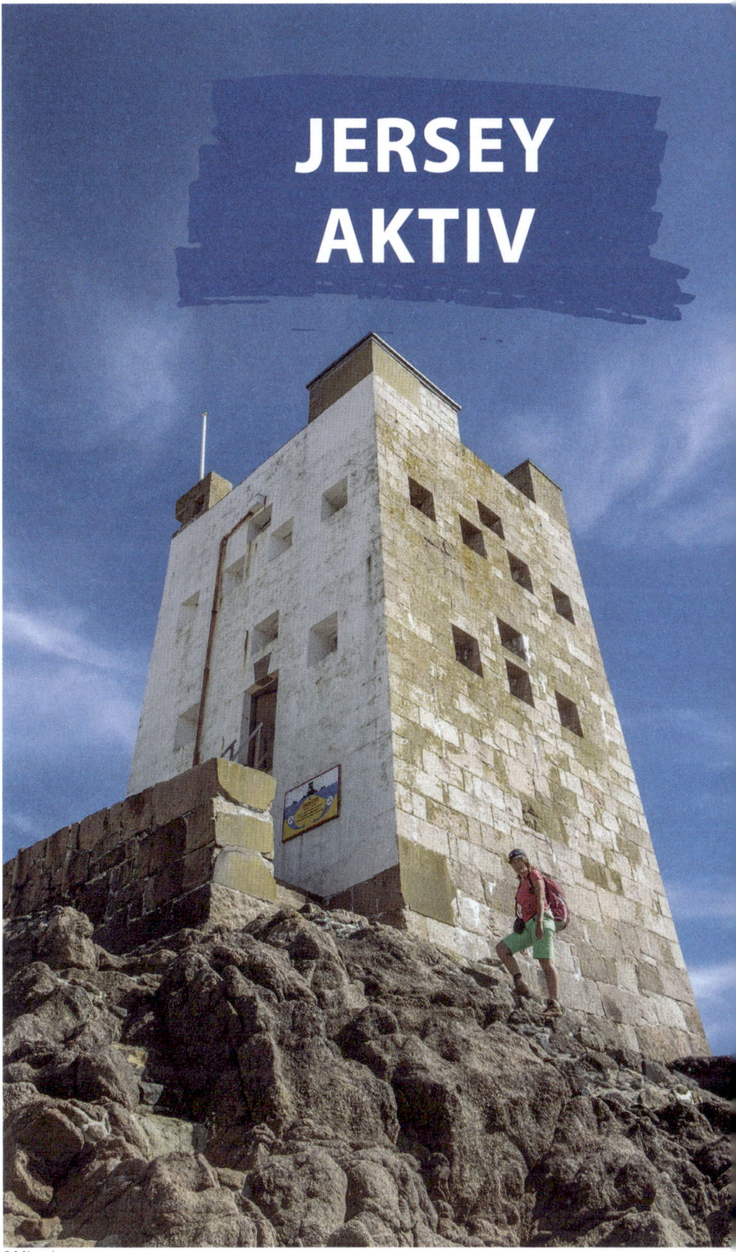

044je-mjm

045je-mjm

Baden

Die Strände auf Jersey sind je nach Gezeiten sehr unterschiedlich. Während bei Flut nur schmale Streifen sichtbar sind, kommen bei Ebbe große Sandstrände zum Vorschein. Aufgrund der Strömungen ist das **Baden** aber **nicht überall ungefährlich.** Man sollte daher nur an bewachten Badestränden, die mit einer rot-gelben Flagge gekennzeichnet sind, ins Wasser gehen. Die Strände werden von Mitte Mai bis Ende September bewacht. Ungefährliche Badestrände liegen in der St. Aubin's Bay (s. S. 43), St. Brelade's Bay (s. S. 43) und der Royal Bay of Grouville (s. S. 78). Die größte Bucht im Süden ist die **St. Aubin's Bay** zwischen St. Helier und St. Aubin, **St. Brelade's Bay** liegt ebenfalls im Süden, während die Royal Bay of Grouville im Südosten ein weiter Sandstrand ist, ebenfalls ideal zum Baden. An den genannten Stränden findet man Toiletten und Lokale.

Ebenfalls sehr beliebt zum Baden: **Ouaisné Bay** (s. S. 43) im Süden direkt neben der St. Brelade's Bay.

Sehr schön gestaltet sich auch die **Plémont Bay** (s. S. 33) – der Strand ist allerdings nur bei Ebbe zugänglich. Hier bilden sich dann kleine Wassertümpel im feinen Sand, die vor allem für kleine Kinder ideal sind. Wundervoll ist auch das Café, dass sich oberhalb des Strandes befindet.

Die **St. Ouen's Bay** (s. S. 33) im Westen misst gute acht Kilometer Länge. Aufgrund der Strömungen ist das Baden mit etwas Vorsicht zu genießen. Hier sollte man unbedingt auf die Rettungsschwimmer achten und innerhalb der Kennzeichnungen bleiben. Am Strand gibt es immer wieder Restaurants, Cafés und Toiletten.

Traumhafte, kleinere Buchten im Süden sind die **Portelet Bay** (s. S. 43) östlich und **Beauport**

Vorseite: Bei Ebbe kann man eine Wanderung zum Seymour Tower (s. S. 71) unternehmen

Blick zur wunderschönen Portelet Bay (s. S. 43)

Bay (s. S. 43), eine der schönsten Buchten Jerseys, westlich der St. Brelade's Bay. Der kleine Parkplatz auf den Klippen und der lange Spaziergang entlang eines steilen Pfads hinunter in die Bucht führen dazu, dass es hier niemals voll wird.

Im Norden findet man noch den schönen Sandstrand **Grève de Lecq** (39) – hier wird das Wasser aber schnell tief. Dies gilt auch für die hübsche **Bonne Nuit Bay** (s. S. 60) und Bouley Bay (s. S. 63), die sich zum Baden eher weniger eignen. Auch in der Bonne Nuit Bay befinden sich ein schönes Café und sowie Toiletten.

Bouley Bay an der Nordküste schmiegt sich spektakulär zwischen Jerseys höchste Klippen, die über 120 Meter hoch sind. Hier befindet sich eine Tauchschule.

Ungefährlich ist es an der Südseite von St. Helier. Der **Strand Havre des Pas** (s. S. 20) ist sicher und beherbergt zusätzlich eine kleine Poollandschaft. Hier gibt es auch Umkleidekabinen, Duschen, Cafés und einen Pool für Kinder. Beim Baden auf Jersey muss man allerdings beachten, dass das Wasser hier kaum über 19 Grad warm wird.

Wassersport

Seakayaking

Mit erfahrenen Kajak-Guides kann man bei äußerst abwechslungsreichen Touren abgelegene und einsame Buchten erkunden. Nach jeder Felsnase sieht die Landschaft anders aus. Auf der Tour kann man viele verschiedene Seevögel beobachten, mit etwas Glück sogar Papageientaucher. Die Guides verraten dabei gerne ihre geheimen Lieblingsplätze. Ein guter Anbieter ist **Jersey Kayak Adventures** (s. S. 63). Für die Puffin Patrol auf Herm kann man sich an **Outdoor Guernsey** wenden (s. S. 92).

Segeln

Die Kanalinseln sind ein beliebtes Segelrevier. In St. Helier und St. Aubin gibt es Jachtclubs, bei denen Touristen gerne willkommen sind:

Seekayak-Tour bei Bouley Bay (s. S. 63)

046je-jka

■ **Go Sail Jersey** <152> South Pier, Pier Road, St. Helier, Tel. 07797 792858, www.go-sail.je

› **Royal Channel Islands Yacht Club** <153> Le Mont du Boulevard, St. Aubin, St. Brelade JE3 8AD, Tel. 01534 745783, www.rciyc.je

Tauchen

Die verborgene Unterwasserwelt Jerseys kann man beim Tauchen oder Schnorcheln erkunden. Besonders beliebt ist dies in Bouley Bay. Aber auch das **Sauvage Riff** und einige **Wracks in der Nähe der französischen Küste** locken. Tauchen kann man bei **St. Catherine's Breakwater** 46, am besten bei Hochwasser. Seelachsschwärme trifft man hier und neugierige Gestreifte Schleimfische gucken aus ihren Schlupflöchern hervor. Auch Garnelen, Hummer und jede Menge Krabben leben hier. In St. Catherine's Breakwater lohnt auch ein nächtlicher Tauchgang.

Am **Hinguette Reef** gibt es sogar Tintenfische, Sandhaie, Rochen und dazu jede Menge Krustentiere. Anemonen findet man an bestimmten Plätzen.

Zum **Les Ecrehous Riff** kommt man nur mit dem Boot, dafür kann man hier auf Delfine und Seehunde treffen.

Um **Sark** 55 gibt es einige schöne Tauchspots, an denen man neben farbenfrohen Weichkorallen auch Steinkorallen bewundern kann. Der Wechsel der Gezeiten und die starke Strömung müssen bei der Planung des Tauchgangs unbedingt berücksichtigt werden, da der Tidenhub mit 8 bis 13 Metern sehr beeindruckend ist und das Meer eine gewaltige Kraft ausübt.

Bester Zeitraum für Tauchgänge ist **von April bis August**, da dann die wärmste Jahreszeit ist und sich Regenfälle in Grenzen halten.

› **Bouley Bay Dive Centre** <154> Les Charrieres de Bouley, Trinity JE3 5AS, Tel. 01534 866990, www.scubadivingjersey.com

Wasserski

Natürlich kann man auch auf Jersey, den Meerwind im Gesicht, auf Wasserskiern um die Küste sausen. Die Wasserskischule Jersey Sea Sport Centre befindet sich am Strand von La Haule direkt bei St. Aubin:

› **Jersey Sea Sport Centre** <155> La Haule Slip, St. Aubin JE3 8BS, Tel. 07797 738180, www.jerseyseasport.com

Wellenreiten und Windsurfen

Wer gerne surft oder es mal ausprobieren möchte, ist auf Jersey absolut richtig, schwört man doch, dass man *der* europäische Dreh- und Angelpunkt des Surfens ist. Beliebte Surfreviere auf Jersey sind St. Ouen's Bay (s. S. 33), St. Brelade's Bay (s. S. 43) und bei guten Windverhältnissen auch Plémont Bay (s. S. 33) und Grève de Lecq 39. Hier gibt es gute Surfschulen mit Ausrüstungsverleih. Daneben gibt es auf Jersey auch Surfclubs, in denen man Information und Beratung bekommt.

› **Jersey Surfboard Club** <156> am Strand von Le Braye, www.jerseysurfboardclub.com. Diesen Club gibt es bereits seit 1923. Hier erhält man auch Infos zur Geschichte des Surfens auf Jersey.

› **Jersey Surf School** <157> am Strand von Le Braye, Tel. 01534 484005, www.jerseysurfschool.co.uk. Surfkurse auch für Anfänger und Kinder.

- **Laneez Surf School** <158> El Tico, St. Ouen's Bay, Tel. 01534 744157, www.laneezjersey.com
- **Le Port Surf School** <159> am Le Port Car Park, La Grand Route des Mielles, St. Ouen's Bay, Tel. 07797826291, www.leportsurfschool.com. Surfschule, die auch Schnupper- und Familienkurse anbietet.
- **Splash Surf Centre** <160> Watersplash, Grande Route des Mielles, St. Ouen's Bay JE3 7FN, Tel. 01534 490671, https://splashsurf.uk

Radfahren

Durch die geringen Geschwindigkeiten, die auf den Straßen der Insel gefahren werden können, ist Jersey besonders fahrradfreundlich. Auf den vielen Green Lanes haben die Fahrradfahrer sogar Vorfahrt. Es gibt auf der gesamten Insel viele gut ausgeschilderte Fahrradrouten, sodass der Erkundung Jerseys auf dem Drahtesel keine Hindernisse im Wege stehen – auch im wahrsten Sinne des Wortes nicht, denn die Insel weist kaum Höhenunterschiede auf, sodass man sich nur selten einer extremen Steigung gegenüber sieht. Insgesamt umfasst das Radwegenetz rund 150 Kilometer, etwa die Hälfte davon sind die verkehrsberuhigten Green Lanes. Das Tourismusbüro der Insel (s. S. 21) bietet eine eigene Informationsbroschüre zum Thema Radfahren auf Jersey an. Zudem stehen zahlreiche Fahrradverleiher zur Verfügung, darunter:

- **Jersey Bike Hire** <161> Mont Les Vaux, St. Aubin JE3 8AF, Tel. 01534 746780, www.jerseybikehire.co.uk
- ■ **Lakeys Bike Hire** <162> 23 Esplanade, St. Helier JE2 3QA, Tel. 07829 881889, www.lakeys.co.uk

Radtour 1: Auf dem Corbière Walk

Man startet in **St. Aubin**, wo man sich entweder ein Fahrrad leiht oder mit seinem eigenen Bike startet. Am besten parkt man am großen Parkplatz direkt in St. Aubin (kostenpflichtig). Der eigentliche Weg beginnt erst oberhalb der Parish Hall, dort befand sich einst der Bahnhof. Also fährt man vom Parkplatz mit dem Fahrrad den Linksverkehr beachtend entlang der Neuve Route, bis diese nach Westen dreht.

Kurz hinter der Kurve zweigt der **Weg nach La Corbière** ab. Jetzt folgt man der breiten, schattigen ehemaligen Eisenbahntrasse bis zu einer Straße, die man vorsichtig überquert. Anschließend geht es weiter durch ein schönes, ebenfalls ziemlich schattiges Tal. Man überquert eine

- **Charakter:** gemütliche Fahrradtour auf der ehemaligen Eisenbahntrasse zwischen St. Aubin 27 und dem Corbière Walk
- **Anfang/Ende:** St. Aubin [D5]
- **Anfahrt:** von St. Helier entlang der Küstenstraße nach St. Aubin (Buslinien 12, 12a, 15 und 22)
- **Länge:** 12 km
- **Dauer:** 1½ Std.
- **Höhenunterschied:** 110 Höhenmeter im Anstieg
- **Einkehr:** Restaurants in St. Aubin und am Endpunkt am Corbière-Leuchtturm 34. Zwischendurch kommt man am Off The Rails Café (s. S. 53) vorbei. Auch ein Abstecher zum Poplars Tea Room (s. S. 53) ist möglich.
- **Fahrradverleih:** Direkt am Beginn des Corbière Walk befindet sich Jersey Bike Hire (s. links).

> **Routenverlauf im Faltplan**
> Die hier beschriebenen Radtouren und Wanderungen sind mit farbigen Linien im Insel-Faltplan eingezeichnet.

weitere Straße und erreicht die Ausläufer von St. Brelade. Unterwegs lädt das **Off The Rails Café** (s. S. 53) zu einer Einkehr ein. Man passiert eine Schule und einen Golfplatz und trifft wieder auf eine Straße. Hier kann man nach links einen sehr lohnenden Abstecher zum **Poplars Tea Room** (s. S. 53) machen. Gestärkt macht man sich an die Weiterfahrt. Man überquert nochmals eine Straße und fährt durch ein schönes Wäldchen bis kurz vor den **Corbière-Leuchtturm** 34. Jetzt erreicht man die Straße Rue de la Corbière und genießt einen fantastischen Blick zum Leuchtturm. Problemlos kann man bei Ebbe hinüberradeln. Auch eine kleine Erfrischung am Eisverkauf am Beginn des kleinen Wegs zum Leuchtturm ist empfehlenswert. Auf dem gleichen Weg geht es nach St. Aubin zurück.

Radtour 2: Einmal um die Insel

Der erste Teil der Fahrradtour verläuft auf der ausgeschilderten Route 1. Man parkt in **Trinity an der Parish Hall** kostenlos. Von dort aus strampelt man auf der Rue du Presbytere erst ein Stück nach Norden, biegt nicht mit der Hauptstraße nach links ab, sondern fährt geradeaus weiter.

An der Rue de la Falaise zweigt man links ab. Zurück an der Hauptstraße wendet man sich nach rechts in die Rue du Tas de Géon. An der Rue des Platons fährt man nach links und anschließend immer oberhalb der Küste bis nach St. John. Dabei kommt man an der Abzweigung zur Bonne Nuit Bay (s. S. 59) vorbei. Die Rue de la Mare des Prés geht in die Rue de l'Église über und bald schon ist man in **St. John** (s. S. 58). Hier kann man die Kirche besichtigen und im kleinen Laden seine Wasservorräte auffüllen.

Westlich von St. John biegt man nach rechts in die Rue des Landes ab und anschließend in die Rue du Grand Mourier nach links ein. Über die Rue de Sorel, in die man nach Süden einfährt, und den Chemin des Hougues, der nach rechts abzweigt, kommt man in einem Bogen zum **Priory Inn** (s. S. 58), wo man auf der ruhigen und sonnigen Terrasse wunderbar seinen Durst löschen kann. Ein kleiner Abstecher zu Fuß bringt den Radler zum **Devil's Hole** 38. Erholt macht man sich an die Weiterfahrt. Sehr bald nach dem Priory Inn erreicht man das **La Mare Wine Estate** 37. Vorbei am Parkplatz fährt man die Rue de la Houge Mauger

- **Charakter:** recht lange Fahrradtour, die teilweise auf ruhigen Straßen, vereinzelt aber auch auf stärker befahrenen Straßen verläuft. Gerade die Küstenabschnitte sind großteils wunderschön.
- **Anfang/Ende:** Parish Hall in Trinity (s. S. 60)
- **Anfahrt:** Trinity liegt im Norden und ist auf vielen Straßen gut zu erreichen, z. B. mit Bus Nr. 4 von St. Helier
- **Länge:** gut 50 km
- **Dauer:** 4½ Std.
- **Höhenunterschied:** 395 Höhenmeter im Anstieg
- **Einkehr:** viele Einkehrmöglichkeiten unterwegs

047je-mjm

nach Westen und folgt dieser sofort nach Süden. An der nächsten Abzweigung wendet man sich nach Westen nach La Charrière. Man gelangt an eine Fahrstraße, in die man nach rechts in die Straße Mont de St. Marie einbiegt. Nächste Station ist die schöne Bucht von Grève de Lecq 39.

Hier genießt man den Blick auf diesen wunderbaren Strand oder nutzt die Einkehrmöglichkeit, falls man am Priory Inn vorbeigefahren ist.

Nun geht es quer durchs hübsche Inselinnere zur St. Ouen's Bay. Zuerst bewältigt man den Berg auf der Straße Mont de la Grève de Lecq. Mit dem Radweg biegt man nach rechts und gleich wieder nach rechts, dann nach links in die Straße L'Amont de la Ville Bagot ab. Kurz fährt man die Straße entlang und nimmt dann die erste Abzweigung nach links auf den Chemin de l'Etocquet. Dann folgt man der Rue de l'Etocquet und wendet sich wieder nach Norden mit Les Double Caches. Erneut geht es nach Westen auf der Rue de Nord. In La Ville la Bas kommt man an die Hauptstraße Rue de la Mare, in die man nach Süden einbiegt, und braust bald mit Schwung den Berg hinunter. Bei L'Étacq erreicht man die St. Ouen's Bay (s. S. 33).

Entlang der Straße fährt man durch die gesamte, weite Bucht bis nach La Pulente. Hierzu biegt man bei L'Étacq nach rechts und folgt der La Verte Rue über die Hauptstraße geradeaus in den Chemin de Moulin.

Immer geradeaus radelt man, bis man schließlich nach rechts zur großen Five Mile Road kommt, in die man nach Süden einbiegt. In der **St. Ouen's Bay** laden Kiosk und Strandrestaurants zur wunderschönen Einkehr ein. Am Ende muss man sich von diesem herrlichen Blick wieder loseisen, da man ja noch eine ordentliche Strecke vor sich hat.

Schließlich erreicht man mit **La Pulente** den südlichsten Punkt der St. Ouen's Bay. An einer Linkskurve verlässt man die Straße und fährt weiter

Die Green Lanes (s. S. 13) bieten sich zum Wandern und Fahrradfahren an

zum **Corbière-Leuchtturm** 34. Unterwegs kommt man am Megalithen La Sergenté 36 vorbei.

Auf der ehemaligen Eisenbahntrasse des Corbière Walk radelt man gemütlich nach **St. Aubin** 27 (Beschreibung siehe Radtour 1, S. 99). Zu Beginn dieses Abschnittes passiert man den Table des Marthes 35. Hier im schönen Hafen lohnen sich eine Einkehr und ein Besuch der **Harbour Gallery** (s. S. 45). Durch die weite Bucht fährt man entspannt in Richtung St. Helier (s. S. 14). Hier verläuft auch ein Fahrradweg.

Die Stadt lässt man aber besser aus und verlässt kurz vorher die Route Nr. 1. Auf der Route Nr. 2 radelt man östlich von St. Lawrence in Richtung Norden. Dazu nimmt man von der Bay die Rue du Nord bzw. Rue du Galet nach Norden, biegt gleich nach rechts in La Route de St. Aubin und wieder nach links in das Waterworks Valley (C118) ab. Man strampelt durch das wunderschön grüne **Waterworks Valley** (s. S. 41), Jersey's Wasserspeicher.

Schließlich kommt man an die Hauptstraße Route de St. Jean, die man gleich wieder nach rechts in die Rue des Saints Germains bzw. Rue des Servais verlässt. Nun geht es nach Süden über die Rue du Douet nach rechts. Man befindet sich inzwischen auf der Route 3. In Le Becquet Servais überquert man die Hauptstraße und radelt weiter auf der Rue des Houguettes nach Osten. Gleich darauf zweigt man auf die Rue du Douet nach rechts ab. In die Rue du Becquet Vincent geht es nach links und gleich danach nach rechts in die Rue des Arbres. Diese verlässt man bald nach links nach Le Mont de la Fredee und dann sofort nach links in die Rue du Vieux Moulin. Weiter fährt man nach rechts in die Rue de la Garenne, überquert die Straße und zweigt nach Norden ab. Die nächste Straße nimmt man erneut nach rechts, wendet sich dann sofort nach links und strampelt weiter auf der Rue au Bailli bis nach **Victoria Village**.

Auf der Rue de la Guilleaumerie geht es weiter nach Osten, dann zweigt eine Straße nach Norden in die Rue de Dielament ab. Die Rue de la Piece Mauger bringt den Radler zum **Zoo** 41, mittlerweile befindet man sich auf der Route 3a. Vorbei am Zoo, dem man natürlich auch einen Besuch abstatten und im Café des Zoos einkehren kann, fährt man geradeaus auf Route 1b in die Rue du Pot du Rocher. Nach links folgt man der Rue des Bouillons nach Westen bis kurz vor Trinity. Nun ist es nicht mehr weit bis zum Parkplatz. Ein kleiner Rechts-Links-Parcour führt in bereits vom Beginn der Tour bekannte Straßen zurück zum Ausgangspunkt.

Radtour 3: Im Norden Jerseys

Der erste Teil der Fahrradtour verläuft auf der ausgeschilderten Route 1. Von der Kirche in St. John 40 folgt man dieser Straße in östlicher Richtung auf der Rue de la Mares des Prés. An einem Parkplatz kann man kurz halt machen und die schöne Aussicht auf Bonne Nuit Bay genießen. Die Straße geht bald in die La Rue des Platons über. Wenig später biegt man nach rechts in die Rue de la Petite Lande ab. Nach einer Kreuzung fährt man auf der Rue du Nord zur Rue de Cambrai und weiter zur Rue du Tas de Geon. Auf dieser gelangt man nach rechts bis Trinity.

Man folgt der Route de la Trinité aus dem Ort heraus und biegt bald nach rechts ab in die Rue Jacques, die wenig später in die Rue des Haies übergeht. Man überquert die A9 und fährt über die Rue des Servais und die Rue des Saint Germains zur Route de Saint-Jean. Diese geht in die Rue du Belau-Vent über und führt zu einer T-Kreuzung. Hier fährt man nach links in die Straße Le Huquet. Nach einem Wasserreservoir geht diese in die Rue de la Scelleterie über.

Nun gelangt man zur A10, der man nach links bis zur Kreuzung bei der B39 folgt. Hier geht es nach rechts, folgt dieser anschließend nach Nordwesten bis zur B53. Auf dieser fährt man nach St. Mary. Den Ort verlässt man nach Osten auf der B33, biegt dann bald in nordöstlicher Richtung auf die La Grande Rue ab. Man folgt dieser, bis man nach schräg rechts auf die Rue de la Grosse Èpine abzweigt. Diese geht in die Rue de Maupertuis über. Man überquert die Chemin des Hougues und wechselt in die Mont de la Barcelone, die später zur Rue de Sorel wird. Diese bringt den Radfahrer in die Nähe von **Sorel Point** und zu einem **Steinbruch.** Man fährt auf der Route du Nord weiter, bis man wieder in **St. John** ist. Auf der Route du Nord genießt man eine wunderbare Aussicht über die Nordküste.

- **Charakter:** schöne Fahrradtour, die teilweise an der Nordküste entlang führt
- **Anfang/Ende:** St. John Parish Church 40
- **Anfahrt:** St. John liegt im Norden und ist auf vielen Straßen gut zu erreichen, z. B. mit Bus Nr. 7 von St. Helier
- **Länge:** ca. 20 km
- **Dauer:** 4½ Stunden
- **Höhenunterschied:** 90 Höhenmeter im Anstieg
- **Einkehr:** viele Einkehrmöglichkeiten unterwegs

Wandern

Die Küstenregionen sind ideal zum Wandern. Besonders eindrucksvoll ist natürlich die felsige, steil ins Meer abfallende Nordküste. Aber auch die **langen Sandstrände an der Süd-, West- und Ostseite** Jerseys haben ihren Reiz.

Gerade an der **Nordküste** verlaufen die Wanderungen auf dem gut markierten Küstenpfad zwischen den einzelnen Buchten. Je nach Gezeitenstand kann man vor allem an den anderen Küsten lange über weite Sandstrände wandern. Wir möchten hier vier Wanderungen an Nord-, West- und Südküste vorstellen. Diese fallen auf Jersey naturgemäß eher **kurz** aus, sind eher **leicht bis mittelschwer** und man benötigt gerade im Norden **festes Schuhwerk.** Wer sich trotzdem lieber mit einem Veranstalter auf die Reise macht, kann dies auch gut von Deutschland aus organisieren. Vor allem Wikinger Reisen bieten gut organisierte Reisen an, die teilweise mit lokalen Unternehmen (z. B. Jersey Walk Adventures, s. S. 71) unternommen werden.

Weitere Wanderungen findet man auf der Website: www.jersey.com/de/wandertouren-rund-um-jersey.

Eine **Wanderung durch das Felsenwatt** zum **Seymour** oder **Icho Tower** (s. S. 71) ist etwas ganz Besonderes. Man wandert bei Ebbe kilometerweit zu einem der beiden Türme. Das Meer ist allerdings tückisch und man muss die Wanderungen zeitlich gut planen. Daher empfehlen wir, diese nur mit einem Führer zu unternehmen. Das lokale Unternehmen Jersey Walk Adventures (s. S. 71) mit der deutschen Wanderleiterin Trudie Trox bietet mehrmals im Monat solche Touren an. Zum Seymour Tower veranstaltet Trox sogar **Mondwanderungen** oder **Wanderungen mit Übernachtungen.** Es gibt auch eine Tour, die Seymour und Icho Tower verbindet.

Ein besonderes Erlebnis sind auch die **Biolumineszenz-Wanderungen.** Tangbüschel im Flachwasserbereich beginnen in der Nacht zu leuchten, sobald man mit der Hand darüberstreicht.

Jersey Walk Adventures bietet auch **Wanderausflüge zur Inselgruppe Écréhous** 66 an. Trudie kennt die Tier- und Pflanzenwelt des Watts ganz genau, erklärt alles sehr gerne und das oft zweisprachig (deutsch und englisch).

Wanderung 1: Von Plémont Bay nach La Corbière

Die Tour startet an der **Plémont Bay,** ausreichend Parkplätze sind vorhanden. Da es sich um eine Streckenwanderung handelt, ist es allerdings sinnvoller, das gut ausgebaute Busnetz in Anspruch zu nehmen. Von der hiesigen Bushaltestelle sollte man unbedingt einen Abstecher zum traumhaft gelegenen Strand unternehmen, gerade bei Ebbe ist der Anblick wunderschön.

Anschließend wandert man entlang der märchenhaften Küste in westlicher Richtung, bis man Grosnez Castle vor sich sieht. Dazu steigt man vom Strand entlang der Straße wieder hinauf. Noch vor der Haarnadelkurve und den Häusern zweigt der Weg von der Straße nach rechts ab. Kommt man von oben (Bushaltestelle), so überquert man die Straße in den Steig. Jetzt spaziert man auf den Klippen entlang der schönen Küste, von der sich herrliche Blick auf das Meer bieten. Guernsey 56 kann man gut erkennen. Ab und an sollte man stehen bleiben und zurückblicken, denn bald schon ist die Bucht von Plémont gut einzusehen. Die Felsen, das Meer, der Sandstrand und überall grüne Vegetation sind bei blauem Himmel und Sonnenschein ein herrlicher Anblick.

Nun ist es nicht mehr weit bis zur Ruine. Hier oben am **Grosnez Castle** 16 bietet sich ein prächtiger Ausblick auf das Meer. Ein wenig kann man über Treppen nach unten gehen und steht dann auf einem exponierten Aussichtspunkt über dem Meer. Hat man Glück, kann man hier vielleicht sogar einen Delfin sehen.

Zurück an der Ruine erblickt man einen **ehemaligen Wachturm der deutschen Besatzer.** Dies ist das nächste Ziel, das man ansteuert. Nun wandert man entlang der spektakulären Westküste in südlicher Richtung.

- **Charakter:** abwechslungsreich, dominiert zu Beginn die eindrucksvolle Steilküste auf der Nordseite, wandert man ab L'Étacq entlang der weiten St. Ouen's Bay. Bei Ebbe kann man diesen Abschnitt auf dem Sandstrand zurücklegen. Das ist viel schöner als entlang der Straße, daher empfehlen wir, die Tour entsprechend zu planen.
- **Anfahrt:** Buslinie 8
- **Anfang:** Bushaltestelle in der Plémont Bay [B1]
- **Ende:** Bushaltestelle La Corbière [B6]
- **Rückfahrt:** ab Corbière mit den Linien 12a, 14 oder 15
- **Länge:** 13,6 km (Benutzung Straße) bzw. 12,6 km (Benutzung Strand)
- **Dauer:** 4 Stunden
- **Höhenunterschied:** 90 Hm im Anstieg
- **Einkehr:** Café an der Plémont Bay, Faulkner Fisheries bei L'Étacq, verschiedene Restaurants entlang der St. Ouen's Bay

Dabei kommt man am **Le Pinacle** (15) vorbei, dem eindrucksvollen „Felszahn“. Hier kann man gut nachvollziehen, dass Menschen diesen Ort als Kultort nutzten, die Stimmung hier ist geradezu magisch.

Der weitere Weg führt vorbei an einer beklemmend wirkenden Kanone aus dem Zweiten Weltkrieg. Wenig später geht es bergab und man erreicht **L'Étacq,** wo man bei **Faulkner's Fisheries** (s. S. 35) einen Zwischenstopp einlegen kann. Die kleinen Meeresköstlichkeiten vom Grill werden frisch zubereitet und sind die Pause wert.

Ab L'Étacq gibt es je nach Gezeiten zwei Möglichkeiten für den Weiterweg: Bei Ebbe kann man über den gesamten 5 km langen Strand der St. Ouen's Bay bis nach La Pulente im Süden spazieren. Bei Flut muss man auf der Straße bis zum Lewis Tower in der St. Ouen's Bay wandern. Danach kann man teilweise auf der Strandmauer weitergehen.

Die schönere Variante ist aber eindeutig die **Wanderung über den Sandstrand,** weshalb man die Tour unbedingt bei Ebbe unternehmen sollte. Man geht die ganze Zeit auf den **La Rocco Tower** (22) zu, der etwas versetzt aus dem Meer herausragt. Am flachen Strand ist es wunderbar, die Schuhe auszuziehen und barfuß durch den feinen Sand zu schlendern. Schließlich kommt man bei La Pulente an. Der Strand endet in einer nicht zu überwindenden Felswand. Hier steigt man über die Treppe hinauf zur Straße. Dieser folgt man kurz, bis an einer Linkskurve ein Steig geradeaus abzweigt. Auf diesem wandert man leicht bergauf, bis man wieder eine Straße erreicht. In diese biegt man rechts ein und geht bis zum **Corbière-Leuchtturm** (34).

048je-mjm

Wandern in der Nähe der Plémont Bay

Falls man die Tour doch einmal bei Flut unternimmt, folgt man von L'Étacq der Straße in Richtung **St. Ouen's Bay** (s. S. 33). An einem größeren Parkplatz biegt man nach rechts ab und spaziert auf der Straße nach rechts zum Lewis Tower (dort befindet sich auch das **Channel Islands Military Museum** (13)). Ab hier geht man entlang der Straße weiter nach La Pulente. Wie bereits erwähnt, kann man ab dem Lewis Tower teilweise auf der Strandmauer wandern.

In der Nähe des Leuchtturms gönnt man sich ein Eis aus dem Eiswagen am Parkplatz, bevor man bei Ebbe hinüberwandert. Man sollte die Uhr genau im Blick behalten, denn bei Flut gibt es kein Zurück und man muss auf die nächste Ebbe warten. Aber auch bei Flut ist der Blick auf den Leuchtturm mit dem tosenden Meer spektakulär.

049je-mjm

Blühender Fingerhut bei Bouley Bay

- **Charakter:** Die Wanderung verläuft auf einem der spektakulärsten Küstenabschnitte im Norden von der schönen Bucht Bonne Nuit (s. S. 59) über Bouley Bay nach Rozel (s. S. 64). Zwischendurch ist ein etwas steilerer Abschnitt zu überwinden. Insgesamt verläuft die Tour auf vielen schmalen Wegen.
- **Anfahrt:** am sinnvollsten mit dem Bus, Linie 4
- **Anfang:** Haltestelle Bonne Nuit Bay [F2]
- **Ende:** Bushaltestelle Rozel [I2]
- **Rückfahrt:** ab Rozel Bay mit der Linie 3
- **Länge:** 11 km
- **Dauer:** 4½ Stunden
- **Höhenunterschied:** 340 Höhenmeter im Anstieg
- **Einkehrmöglichkeiten** bieten sich in den Orten Bonne Nuit Bay, Bouley Bay und Rozel

Wanderung 2: Von Bonne Nuit Bay nach Rozel

Zur **Bonne Nuit Bay** kommt man problemlos mit dem Bus und beginnt die Wanderung an der Haltestelle, die sich noch etwas oberhalb der eigentlichen Bucht befindet. Alternativ parkt man sein Auto am Pier, allerdings gibt es hier wenige Parkplätze. Ist man mit dem Auto angereist, geht man zurück zur Haltestelle, an der die Wanderung beginnt.

Von dort geht man ein kleines Stück die Straße Les Nouvelles Charriéres wieder zurück und biegt dann in die nach links abzweigende kleine Straße ein. Diese geht in einen Schotterweg über, auf dem man entlang der Küste zum **La Crête Fort** wandert, das herrlich auf einer kleinen Halbinsel liegt. Hier lohnt sich eine kleine Pause, um die Schönheit des Orts und den Blick nach Norden über das Meer zu genießen.

Der Weg führt nun ein Stück nach Süden und bringt den Wanderer zu einer Verzweigung. Hier wendet man sich nach links und nimmt den unteren Steig, der hinauf zum Aussichtspunkt **La Belle Hough** zieht. Wirklich traumhaft ist der Blick übers Meer, mit etwas Glück kann man im Nordosten Sark 55 und Guernsey 56 oder im Westen die französische Küste ausmachen.

Wunderschön wandert man entlang der spektakulären Nordküste mit ihren Klippen bis zu einer kleinen Bucht. Man erreicht bei einem Wäldchen einen breiten Weg. Wenig später gelangt man zu einer Weggabelung und steigt auf einem Steig steil nach rechts bergauf in Richtung Bouley Bay. Der Steig führt hoch über der Küste zu einem weiteren breiten Weg. Diesem folgt man, bis nach links ein Steig abzweigt, auf dem man hinunter zur schön gelegenen **Bouley Bay** geht, die bei Tauchern und Kajakfahrern sehr beliebt ist.

Auf der anderen Seite der Straße verläuft der Küstenpfad weiter. Er bietet sensationelle Ausblicke auf Meer und Steilküste. An etwas exponierter Stelle mündet von rechts oben ein Weg ein. Gemeinsam mit diesem wandert man zu einem alten **Fort**, das von Jersey Heritage vermietet wird. Bald schon sieht man einen auffällig **weißen Felsen (White Rock)** auf der Rozel-Halbinsel. Man wandert immer in Richtung des Felsens, bis Wegspuren zu ihm abzweigen. Hier biegt man stattdessen nach rechts in Richtung der Straße ab und geht auf ihr zu den ersten Häusern von **Rozel Bay**. Man gelangt zur Rue du Câtel, in die man nach links einbiegt. In einem großen Bogen wandert man hinunter zum idyllisch gelegenen Hafen. Hier hat man sich eine Einkehr entweder am Pier beim **Hungry Man** (s. S. 66) oder, wer es lieber etwas süßer möchte, im **Rozel Bay Tea Room** (s. S. 66) verdient. Die Bushaltestelle befindet sich im Ort an einer Linkskurve. Steht das eigene Auto am Ausgangspunkt der Wanderung, nimmt man den Bus Nr. 3 zum Zoo (41) (Haltestelle Durrell) und steigt dort in den Bus Nr. 4 um.

Wanderung 3: Von St. Aubin nach La Corbière

In **St. Aubin** (s. S. 43) steigt man an der Parish Hall aus dem Bus. Alternativ kann man hier auch kostenpflichtig sein Auto parken. Entlang der Hafenpromenade und der Spalier stehenden Boote spaziert man zum Ende der Straße. Hier wendet man sich nach rechts und geht bergauf.

- **Charakter:** Wanderung mit vielen Höhepunkten
- **Ausgangspunkt:** im schönen Städtchen St. Aubin (27), danach geht es zum Aussichtspunkt Noirmont Point (30) mit seinen Mahnmalen aus dem Zweiten Weltkrieg. Es folgt die schöne Bucht von St. Brelade (31) und der Abschluss am Corbière-Leuchtturm (34).
- **Anfahrt:** am sinnvollsten mit den Buslinien 12, 12a, 15 oder 22
- **Rückfahrt:** ab Corbière mit den Linien 12a, 14 oder 15
- **Länge:** 11,5 km
- **Dauer:** 4 Stunden
- **Höhenunterschied:** 150 Höhenmeter im Anstieg
- **Einkehrmöglichkeiten:** in den Orten St. Aubin und St. Brelade (31) sowie am Corbière-Leuchtturm und bei Portelet Bay

Bald zweigt eine „Green lane" nach links ab, die zunächst Mont es Tours und später Route de Haut heißt. Auf dieser wandert man bergauf, bis man die Zufahrtsstraße Route de Noirmont in Richtung Portelet Bay erreicht. Kurz geht es auf der Straße nach Süden, bis kurz nach einer Kreuzung nach links ein Steig in den Wald abbiegt. Dieser taucht zuerst in ein Waldstück ein, später werden aus den Bäumen Ginsterbüsche, sodass man immer wieder freie Blicke auf das Meer erhält. Dieser märchenhafte Weg ist recht ruhig. Schließlich erreicht man **Noirmont Point** (30) mit den Bunkern und Kanonen aus dem Zweiten Weltkrieg. Von hier genießt man eine fantastische Rundumsicht – der Ort ist also ideal für eine kleine Pause.

Auf der Straße geht man schließlich ein Stück nach Norden. Bald schon zweigt ein schmaler Weg ab, auf dem man weiter zum Parkplatz bei Portelet Bay mit dem Pub **The Portelet Inn** (s. S. 53) wandert. Dort oder auf der Terrasse könnte man sich eine Erfrischung gönnen.

Links am Pub vorbei kommt man zu einer noblen Ferienhaussiedlung. Durch diese wandert man zu einer Querstraße, auf der man nach links zu einem Parkplatz gelangt. Jetzt spaziert man durch die einzigartige Natur bei **Ouaisné.** Hier befindet sich auch die Höhle der ersten Besiedler Jerseys. Einen recht steilen Weg steigt man schließlich hinunter zum schönen Strand von Ouaisné Bay. Jetzt lohnt sich eine Rast, vielleicht hat man die Badesachen dabei und erfrischt sich im ruhigen Meer. Hier könnte man auch im **Old Smugglers Inn** (s. S. 10) einkehren, das leider nicht über eine Terrasse verfügt.

Weiter wandert man oberhalb des Strandes zu einem kleinen Wäldchen, von dem man die **Strandpromenade von St. Brelade** 31 erreicht. Viele schöne Terrassen laden zu einer Einkehr ein, spätestens hier sollte man sich eine Erfrischung gönnen und das Treiben an der Promenade beobachten.

An deren Ende angekommen, wendet man sich nach rechts zur Straße Route de la Baie. Die erste abzweigende Stichstraße bringt den Wanderer zur **St. Brelade's Parish Church** (s. S. 50) und zur **Fishermen's Chapel,** die man beide unbedingt besichtigen sollte. Danach wandert man auf der Straße Chemin des Creux hinter dem Gotteshaus bergauf, bis nach rechts der Küstenpfad abzweigt. Auf diesem steigt man aufwärts und spaziert anschließend aussichtsreich zu einem Parkplatz. Hier zweigt auch der Weg hinunter zur wunderschönen Beauport-Bucht ab. Leider dauern ein Abstecher und ein Badeaufenthalt für diese Wanderung zu lange, deshalb ignoriert man das Weglein. Als Entschädigung wandert man nun die ganze Zeit mit spektakulärer Aussicht über dem Meer entlang des Weges. Zwischendurch überwindet man mithilfe einer Treppe eine steilere Passage. Vor einem Steinbruch geht man nach links und erreicht die Straße Chemin des Signaux. Hier befindet sich in der Nähe auch Jerseys Gefängnis, die Zäune kann man sehen. Der Straße folgt man, bis ein Steig nach links abzweigt. Auf dem Weglein wandert man nun wieder über freies Gelände in Richtung La Corbière. Aussichtsreich spaziert man entlang der grandiosen Küste bis zu einem Beobachtungsturm aus dem Zweiten Weltkrieg mit traumhaftem Blick auf den **Leuchtturm** 34. Am Parkplatz des Leuchtturms kann man sich im Eiswagen eine Erfrischung kaufen. Möchte man zum Leuchtturm hinüberspazieren, muss man die Gezeiten im Blick behalten, denn der Zugang und auch der Rückweg sind bei Flut versperrt.

Die Bushaltestelle findet man oben an der Straße in der Nähe des Beobachtungsturms.

050je-mjm

Blick zurück auf St. Brelade (s. S. 49)

Wanderung 4: Von Gorey bis nach La Rocque

Diese Wanderung führt vom Hafen von Gorey 47 entlang der weiten Sandstrände der Royal Bay of Grouville bis zum Seymour Inn. Bevor man sich aber auf den Weg entlang der Küste macht, besucht man noch den **Dolmen de Faldouët** 50. Hierfür steigt man auf einem Fußweg, der sich hinter dem Café Louise hinauf zum **Mont Orgueil Castle** 48 erstreckt. Ein Querweg führt nach links zur Straße. Man wandert den Berg hinauf zu einer Kreuzung. Hier geht man auf der Mont de la Guerande ein Stück geradeaus, bis eine Straße nach rechts abzweigt. Dieser folgt man kurz, biegt aber gleich wieder nach links in die Rue des Marettes ab, auf der man weiter wandert, bis ein Schild nach links zum Dolmen zeigt. Nach der Besichtigung der Megalithanlage folgt man der schräg gegenüber bergab führenden Straße Les Charrieres d'Anneport hinunter zur Küste. Man trifft auf die B29 bei Anne Port. Nun geht man auf der breiten Straße nach rechts und erreicht wieder die Burg. Nach dieser kleinen, aber historisch interessanten Schleife geht es wieder hinunter zum **Hafen von Gorey** 47. Nun schlendert man auf der Hafenpromenade nach Süden. Langsam verlässt man Gorey und kommt in den Bereich von Grouville. Traumhaft ist die Wanderung bei einsetzender Ebbe, man kann dann wunderbar über den weiten Sandstrand der Bucht laufen. Immer wieder sollte man zurück zum eindrucksvollen Mount Orgueil Castle blicken. Am Horizont in südlicher Richtung taucht langsam der **Seymour Tower** (s. S. 71) auf. Man wandert nun auf dem Strand bis zum Seymour Inn.

- **Charakter:** leichte, gemütliche Strandwanderung
- **Anfahrt:** Buslinie 1
- **Anfang:** Bushaltestelle am Hafen von Gorey 47
- **Ende:** Bushaltestelle La Rocque [I6]
- **Länge:** 6,4 km
- **Dauer:** 1 ½ Stunden
- **Höhenunterschied:** 60 Höhenmeter im Anstieg
- **Einkehr:** Café und Restaurants in Gorey, Seymour Inn am Endpunkt der Wanderung

Während man auf den Bus zurück nach Gorey oder zum individuellen Startpunkt wartet, kann man gemütlich im Pub einkehren.

Weitere Aktivitäten

Seesafaris

Im Rahmen von Bootstouren kann man mit Jersey Seafaris zum Beispiel einen Ausflug zur Nord- oder Südküste unternehmen. Auch ein Trip zu den Nachbarinseln Sark 65 oder Herm 65 ist sehr empfehlenswert.

- **Jersey Seafaris** <163> St. Catherine's Breakwater JE3 6DD, Tel. 07829 772222, www.jerseyseafaris.com

Klettern, Abseilen und Coasteering

Die Felsküste Jerseys eignet sich sehr gut zum Klettern. Es werden organisierte Touren zum Klettern, Abseilen und Coasteering angeboten. Vor allem Coasteering ist spannend. Es ist eine Mischung aus Schwimmen, Wellenreiten, Klippenklettern und Felsenhüpfen. Ursprünglich wurde es in

Südwestwales erfunden. Dabei erlebt man die sensationelle Küste von Jersey absolut hautnah: mal schwimmt man zum nächsten Punkt, mal klettert man an den Klippen entlang, mal springt man von Fels zu Fels und mal wandert man steile Grashänge hinauf. Auch Abseilen ist an der steilen Felsküste möglich.

- **Absolute Adventures** <164> La Route de la Baie, St. Brelade JE3 8EF, Tel. 07829 881111, www.absoluteadventures.je
- **Jersey Adventures** <165> 11 Le Jardin de La Fontaine, St. Martin JE3 6JD, Tel. 07797 727503, www.jerseyadventures.com

Golf

Auf Jersey kommt der passionierte Golfer auf sechs Plätzen auf seine Kosten. Darunter befinden sich drei 18-Loch-Plätze, sowie drei 9-Loch-Plätze. Besonders schön ist der Les Mielles Golf & Country Club an der Westküste.

- **Les Mielles Golf & Country Club** <166> St. Ouen's Bay JE3 7FQ, Tel. 01534 482787, www.lesmielles.com

Reiten

Pferde sieht man auf Jersey sehr häufig und so gibt es auch jede Menge Reitangebote. Über Reitzentren hat man die Möglichkeit, Kurse und Ausflüge zu buchen. Geritten wird auch im freien Gelände auf Reitwegen und am Strand, dort ist das Reiten von Mai bis Sept. zwischen 10.30 und 18 Uhr nicht erlaubt.

- **Bon Air School and Livery Stables** <167> La Grande Route de St. Laurent, St. Lawrence, Tel. 01534 865196
- **East Riding** <168> Dielament Farm, La Rue de Dielament, Trinity JE3 5HX, Tel. 01534 857748
- **Greencliff Equestrian Centre** <169> Rue de Villot, St. Martin, Tel. 07797 743979
- **Le Claire Riding & Livery School** <170> Sunnydale, La Rue Militaire, St. John JE3 4DP, Tel. 01534 862823

Angeln

Angeln ist auf Jersey sehr beliebt. Geeignete Orte sind die **St. Ouen's Bay** (s. S. 33) im Westen, **Sorel Point** (s. S. 58) im Norden und **St. Catherine's Breakwater** 46 im Osten. Man kann auch mit **Booten** zum Angeln auf das offene Meer hinausfahren. Informationen hierzu erhält man bei der Tourismusinformation in St. Helier (s. S. 21) und in den Hotels.

Fürs Süßwasserangeln besorgt man sich für £10 einen Tagespass bei der Jersey Freshwater Angling Association. Dieser erlaubt das Angeln an folgenden Orten: Millbrook Reservoir (Waterworks Valley, St. Lawrence), Dannemarche Reservoir (Waterworks Valley, St. Lawrence) und St. Catherine's Reservoir (St. Catherine, St. Martin). Um im offenen Meer zu fischen, bucht man am besten einen Ausflug mit einem erfahrenen Fischer.

- **Fishing Jersey** <171> The Coach House, 7 Clarendon Road, St. Helier JE2 3YW, Tel. 01534 888552, www.fishingjersey.co.uk. Fischen auf dem offenen Meer für Anfänger und Fortgeschrittene. Auch Abendausflüge möglich.
- **J.F.S. Sport** <172> Green Street, St. Helier JE2 4WN, Tel. 01534 758195. Angelausrüstung.
- **Mr Fish Ltd.** <173> La Route de St. Aubin, St. Helier JE2 3LN, Tel. 01534 618886. Angelausrüstung.

JERSEY ERLEBEN

051je-mjm

Feste und Folklore

Auf Jersey finden ganzjährig Veranstaltungen statt, die vor allem die Themen **Wandern, Blumen und Essen** umfassen.

Das Autorennen **Bouley Hill Climb,** das bergauf von der Bouley Bay aus verläuft, wird bereits seit 1920 ausgetragen. Während des gesamten Jahres finden Rennen statt.

April

› **Battle of Flowers:** Seit 1902 findet dieses Blumenfestival statt. Am zweiten Donnerstag im August startet das Fest mit einem großen Umzug. Blumen, Musiker, Tänzer und Entertainer gestalten eine grandiose Atmosphäre. Der Battle of Flowers ist die bedeutendste Verandstaltung auf Jersey. Ein besonderes Erlebnis ist die Moonlight-Parade am Folgetag, bei der Umzugswagen und der Blumenschmuck von tausend kleinen Lichtern magisch erleuchtet werden (www.battleofflowers.com).

Mai/Juni

› **Jersey International Motoring Festival:** Jersey bietet – mit seinen steilen und kurvigen Straßen einerseits und langen Geraden entlang der Strände andererseits – die ideale Kulisse für die jährlich stattfindenden Motorsporttage. Oldtimer und Motorräder liefern sich an mehreren Tagen fesselnde Wettkämpfe (http://jimf.je).

› **Sunset concerts:** Der National Trust organisiert an zwei Abenden im Juni kostenlose Open-Air-Konzerte an der Landzunge Mont Grantez.

› **Around Island Walk:** Die Wohltätigkeitsveranstaltung fand erstmals 1991 statt. An nur einem Tag im Juni umrunden die Läufer die gesamte Insel auf einer gut 77 Kilometer langen Strecke alleine oder als Staffelläufer. Es gibt auch eine gut 17,5 Kilometer lange Wanderstrecke bis St. Catherine's Breakwater, die auch junge Familien in Angriff nehmen können. Der offizielle Start erfolgt morgens um 3 Uhr am Elizabeth Terminal am Hafen. Die Tour führt mitten durch die atemberaubende Landschaft Jerseys: Man genießt die wunderschöne, durch den extremen Tidenhub geprägte Küste, ihre vielen herrlichen Sandstrände und die dramatischen Steilklippen – und das alles an nur einem Tag. Für die Teilnahme sind Spenden erwünscht.

August

› **Portuguese Food Festival:** Bei diesem Event feiert Jersey einmal im Jahr die kulinarischen Köstlichkeiten Portugals. Dazu tragen die Akteure portugiesische Tracht, Livemusik und Vorführungen tragen zu einem besonderen Flair bei. Die Veranstaltung findet Ende August statt, am Sonntag kann man mittags eine Messe besuchen.

September

› **Jersey Festival of Words:** Ende September entführen wunderbare Autoren ihre Leser in eine andere Welt. Es finden Präsentationen, Lesungen und Vorträge von Schriftstellern aus Jersey statt, aber auch britische Romanciers und Lyriker kann man treffen. Da auch Kinderbuchautoren vortragen, ist das Event für die ganze Familie geeignet (www.jerseyfestivalofwords.org).

› **International Air Display:** Im Himmel über Jersey findet seit 1952 alljährlich diese Flugshow statt. Die Veranstaltung hat den Ruf, eine der großartigsten Flugshows in ganz Europa zu sein,

◁ *Vorseite: Im Jersey Central Market* ❺ *von St. Helier*

Feiertage

- **1. Januar:** New Year (Neujahr)
- **März/April:** Good Friday (Karfreitag)/Easter Monday (Ostermontag)
- **9. Mai:** Liberation Day (Tag der Befreiung)
- **letzter Montag im Mai:** Spring Bank Holiday
- **letzter Montag im August:** Summer Bank Holiday
- **25. Dezember:** Christmas Day (1. Weihnachtsfeiertag)
- **26. Dezember:** Boxing Day (2. Weihnachtsfeiertag)

weshalb ein Besuch absolut empfehlenswert ist. Von St. Aubin's Bay aus hat man einen wunderbaren Blick auf die modernen und historischen Flugzeuge mit ihren atemberaubenden Flugkünsten (www.jerseyairdisplay.org.uk).

Oktober/November

- **Tennerfest:** Das jährliche Kulinarikfest findet sechs Wochen im Oktober und November statt. Während dieser Zeit bieten Jerseys Restaurants besondere Menüs. Besonders Fisch und Meeresfrüchte stehen auf der Speisekarte, aber natürlich auch die berühmten Jersey Royals und Speisen aus der leckeren Jersey-Milch, etwa Käse, Eis und Fudge (www.tennerfest.com).
- **La Faîs'sie d'Cidre:** Beim Apfelwein-Festival trifft man auf Cidre-Experten, genießt Cidre aus den unterschiedlichsten Äpfeln und Rezepten. Aber auch Livemusik, Tanz, Einlagen von Künstlern und Veranstaltungen für Kinder kommen nicht zu kurz. Ein Besuch des Hamptonne Country Life Museums ist natürlich ein Muss.
- **Black Butter Making:** Man besucht The Elms, das Hauptquartier des National Trusts in St. Mary. An diesem Abend bereitet man gemeinsam mit anderen Gästen die Spezialität Black Butter zu. Dazu gibt es leckere Speisen und Unterhaltung für alle Altersgruppen.

Dezember

- **La Fête dé Noué:** In der Weihnachtszeit erstrahlt St. Helier (s. S. 14) durch dieses märchenhafte Event. Es finden Umzüge statt, man kann Weihnachtsfilme schauen, ein Straßentheater und Märkte sorgen für weihnachtliche Stimmung.

Immer ein Erlebnis: Feste auf Jersey

052je-jt©Robbie Dark Photography

053je-mjm

Jersey kulinarisch

Jerseys Küche ist eine **gelungene Kombination aus französischen und britischen Einflüssen.** Auch wenn gerade in den Pubs die britische Prägung deutlich erkennbar ist, so ist die Nähe zu Frankreich doch etwas stärker.

Kulinarische Spezialität Jerseys sind **Meeresfrüchte.** Besonders eindrucksvoll sind die großen Krebse *(spider crabs),* aber auch Hummer *(lobster)* ist ein sehr beliebtes Gericht. Sensationell sind die Jakobsmuscheln *(scallops)* und Austern *(oysters),* die vor Jerseys Küste gezüchtet werden.

Zudem gibt es frischen **Fisch** wie Scholle *(plaice),* Seezunge *(sole),* Lachs *(salmon)* und Kabeljau *(cod)* auf den Speisekarten. Kabeljau wird gerne für Fish and Chips genutzt.

Natürlich gibt es auch **Fleischgerichte.** Diese werden häufig mit Gemüse und Kartoffeln angeboten. Sehr häufig findet man als Beilage **Jersey Royals.** Die kleinen Kartoffeln gibt es aufgrund der Bodenbeschaffenheit nur auf der Kanalinsel. Seit 1878 wird diese Sorte hier angebaut, sie entfaltet ungefähr zwei Stunden nach der Ernte ihren besten Geschmack, weshalb sie eher selten exportiert wird.

Eine weitere Besonderheit ist die **Milch der Jersey Cows,** die einen natürlichen Fettgehalt von 5 % hat. Sie ist leicht gelblich und verleiht Butter und Sahne, die zum Cream Tea (s. rechts) gereicht wird, ihre besondere Farbe.

Unbedingt probieren: Jersey Cream Tea

MEINE TIPPS

Lokale direkt am Wasser

- **Oyster Box** (s. S. 54) in St. Brelade
- **El Tico Beach Cantina** (s. S. 39) an der St. Ouen's Bay
- **Le Braye** (s. S. 35) an der Grande Route des Mielles

Hoch über dem Meer

- **The Portelet Inn** (s. S. 53) über der Portelet Bay
- **Plémont Beach Café** (s. S. 58) über Plémont Bay

Lecker vegetarisch

Rein vegetarische Restaurants sind selten. Es gibt aber Restaurants, die gute vegetarische Gerichte auf der Speisekarte haben. Empfehlenswerte Lokale sind z. B.:

- **Aromas** (s. S. 55) in St. Helier
- **Bohemia** (s. S. 22) in St. Helier
- **Salty Dog Bar & Bistro** (s. S. 46) in St. Aubin
- **The Hungry Man** (s. S. 66) in Rozel

Ein typisches Produkt Jerseys ist **Black Butter**, Cider, der über Tage eingekocht und mit Äpfeln, Zucker, Zitronen, Lakritze und Gewürzen vermischt wird und eine leckere Konfitüre ergibt. Alles wird noch einmal gekocht und dann gerührt. Eine echte Delikatesse.

Das **Leitungswasser** auf Jersey kann bedenkenlos getrunken werden. Gleichwohl wird man zu einem guten Essen lieber französischen **Wein** genießen. Einheimischer Wein dagegen ist relativ teuer. Vor allem in Pubs wird gerne lokales **Bier** ausgeschenkt, auch **Cider** wird gerne getrunken.

Den Tag beginnt man mit einem **Full English Breakfast.** Dazu gehören traditionell Eier, Toast, gebratene Würstchen, Pilze, Tomaten, Speck und *baked beans*. Es hält meistens bis zum Nachmittag an, sodass man das Mittagessen getrost ausfallen lassen kann oder nur eine Kleinigkeit zu sich nimmt. Am Nachmittag gönnt man sich einen Nachmittagstee. Der **Jersey Cream Tea** besteht aus Tee, **Scones** mit roter Marmelade und *clotted cream* (Rahm). Natürlich sollte man bei einem Besuch einen Afternoon Tea versuchen, eine zugegeben üppige Angelegenheit. Mit Sandwiches, Kuchen, Törtchen und Scones ist man am Ende pappsatt. Dazu genießt man Tee oder auf den Kanalinseln auch gerne Kaffee.

Abends geht man dann entweder in eines der guten **Restaurants** auf der Insel oder, wer es einfacher mag – aber nicht weniger lecker –, in einen **Pub.** Hier findet man vor allem bodenständige Küche. Meist ist der Essbereich räumlich vom Rest des Lokals getrennt. Man sollte sich nicht wundern, wenn man an der Theke bestellen und vorab bezahlen muss. Die Getränke nimmt man dann direkt selbst mit an den Tisch.

Black Butter

Von 1600 bis 1700 gab es auf Jersey viele Obstgärten. Auf 20 Prozent des landwirtschaftlichen Grunds wuchsen vor allem Äpfel. Bauern machten daraus Cider und zahlten ihren Angestellten einen Teil ihres Lohns in Cider aus. Da es so viele Äpfel gab, wurden die Einwohner Jerseys erfinderisch und produzierten daraus eine Konfitüre: die Black Butter. Die Herstellung war immer ein großes soziales Ereignis, bei dem traditionell bis in die frühen Morgenstunden gesungen, getanzt, Geschichten erzählt und sich unterhalten wurde, die sogenannte Black-Butter-Nacht. Tags zuvor traf sich eine große Zahl von Nachbarn und Familienmitgliedern, die der Bäuerin halfen, die riesige Menge an Äpfeln zu schälen und zu schneiden, selbstverständlich hatte jede Bäuerin ihr eigenes Spezialrezept.

Waren Äpfel einst das wichtigste Anbauprodukt Jerseys, so gibt es heute nur noch wenige Cider-Äpfel und nur noch sehr selten wird das Getränk selbst hergestellt. Black Butter bekommt man in vielen Delikatessengeschäften. Auf dem Weingut La Mare 37 wird immer noch nach traditionellem Rezept Black Butter gemacht und im eigenen Shop verkauft. Der National Trust ruft im Oktober zum Black Butter Making (s. S. 113) auf, einem Festival, bei dem die Einheimischen praktisch unter sich sind.

Was wo kaufen?

Aufgrund der **niedrigen Mehrwertsteuer** von 5 % sind die Produkte auf Jersey relativ günstig.

Ein klassisches **„Jersey-Souvenir“** gibt es nicht. Zu empfehlen sind Black Butter, Schmuck oder etwas aus der **Harbour Gallery** 28 in St. Aubin. Hier stellen verschiedene Künstler aus Jersey ihre Werke aus. Auch ohne Einkauf ist der Besuch der Gallery ein Erlebnis.

Die besten Einkaufsmöglichkeiten bieten sich in der **Innenstadt von St. Helier,** insbesondere die King Street und die Queen Street sind gute Anlaufpunkte, aber auch die Ladenpassage von Liberty Wharf (s. S. 24) lohnt einen Besuch.

Sehr interessant ist ein Einkaufsausflug in die Halle des viktorianischen **Central Markets** 5. Hier findet man vor allem Obst, Gemüse und Blumen.

Auf dem **La Mare Wine Estate** 37 im Norden der Insel kann man Black Butter (s. S. 115), Wein und Cider einkaufen.

Schmuck kann man bei Jersey Pearl (s. S. 35) in St. Ouen oder bei Catherine Best (s. S. 39) im Norden der Insel kaufen.

Alle Waren für den täglichen Bedarf bekommt man in einem der **Supermärkte.** Empfehlenswert sind auch die **Farm Shops** auf dem Land.

⊳ Austernfischer an den Felsen beim Elizabeth Castle 1

Natur erleben

Schon der Name „Kanalinseln“ ist etwas verwirrend, liegen diese doch nicht direkt im Ärmelkanal, sondern direkt vor der Küste der Normandie. Die Entfernung zu Jerseys Ostküste beträgt gerade mal 27 Kilometer. **Geologisch** sind die Kanalinseln Teil eines riesigen, uralten Gebirgsmassivs, des Variskischen Gebirges, das sich im Paläozoikum vor 550 bis 250 Mio. Jahren auffaltete. Obwohl zu Beginn wahrscheinlich bis zu 4000 m hoch, senkte es sich in der Folge ab und wurde zudem abgetragen. Ein Drittel von Jersey besteht aus 500 Mio. Jahre altem, rötlich-grauen **Granit.** Natürlich wurde dieser in der Geschichte vor Ort für Bautätigkeiten genutzt, aber auch nach England exportiert.

Die Bucht von St. Malo (s. S. 118) lag bis Ende der letzten Eiszeit (Würm- oder Weichseleiszeit) trocken, da sie sich deutlich über dem Meeresspiegel befand. Durch das Abschmelzen des Eises stieg dieser um etwa 50 m an, zuletzt ragten nur noch die **Berggipfel als Inseln** aus dem Meer. Als letzte Insel wurde Jersey vor 8000 Jahren von der Normandie abgetrennt. Je nach Klimaperiode wechselte die Höhe des Meeresspiegels, sodass die Kanalinseln immer wieder von trockenem Land umgeben waren.

Gerade auf der **Nordseite** Jerseys findet man eine steil abfallende **Felsküste** vor. Hier sind Klippenwanderungen sehr beliebt und lohnend. Dazwischen gibt es immer wieder kleine Buchten und Sandstrände, die einen Abstecher lohnen. An der Nordküste findet man zudem einige **Höhlen,** die aber meistens nur bei Ebbe zugänglich sind, weshalb von einer Erkundung auf eigene Faust abgeraten

082je-mjm

wird. Im Rahmen von Bootstouren werden manchmal Höhlenbesichtigungen mit angeboten.

Deutlich sanfter sind die **Süd- und Ostseite**, die flach ins Meer auslaufen. Hier genießt man weite Sandstrände bzw. im Süden ein großes Felsenwatt. Gerade bei Ebbe ist es ein traumhaftes Erlebnis, über die weiten Strände zu wandern oder zu joggen. Eindrucksvoll ist auch eine Wanderung durch das Felsenwatt zu einem der alten Wachtürme der Insel. Hierfür sollte man aber ebenfalls unbedingt einen Führer engagieren.

Aufgrund der klimatischen Begünstigung findet man auf Jersey viele Pflanzen, die eigentlich in Südeuropa beheimatet sind. Die **Vielfalt an Pflanzenarten** ist außergewöhnlich hoch: Man zählt über 1500 wild wachsende Arten. Im April fängt es überall zu blühen an, viele Gewächse wurden in den Gärten gezüchtet und haben irgendwann den Weg in die freie Natur gefunden. Besonders eindrucksvoll ist die Vegetation an den Steilküsten. Vor allem der **Rote Fingerhut** fällt hier auf. An geschützten Orten wachsen sogar **Palmen.**

Unter Jerseys Bevölkerung gibt es zahlreiche eifrige Gärtner und oft sind deren **Gärten** zu besichtigen. Hier erwarten den Besucher unterschiedlichste Rosensorten, Zantedeschien, Blauregen, Drillingsblumen (Bougainvillea), Waldreben (Clematis), Malven, Hortensien, Kamelien, Magnolien, Azaleen, Rhododendren, Feigen- und Obstbäume und weitere oft vor langer Zeit importierte Pflanzen.

Wunderschöne und besondere Orchideen züchtet man auf Jerseys **Gewächshäusern,** aber auch auf manchen Wiesen können sie bewundert werden. Die **Jersey Orchid** (Lockerblütiges Knabenkraut) blüht zwischen Mai und Juli in den Dünen von Les Mielles (11) am St. Ouen's Pond. Die Wiese, auf der drei Orchideenarten wild blühen, heißt Le Noir Pré (10). Neben Jersey Orchid lässt man sich von Spotted Orchid (Fuchs' Knabenkraut) und Southern Marsh Orchid (Übersehenes Knabenkraut) in Bann ziehen.

Die charakteristische rosafarbene **Jersey-Lilie** erblüht in der zweiten Augusthälfte. **Lavendel** gedeiht auf Jersey wunderbar, eine Lavendelfarm (32)

Das Spiel der Gezeiten

Sehr beeindruckend ist der Gezeitenwechsel im Golf von St. Malo. Wer diesen in der St. Ouen's Bay zwischen dem harmlosen weiten Sandstrand und dem tosenden Meer erlebt, das über die Ufermauer greift, der ist fasziniert.

Dieses Naturschauspiel kann man an allen Weltmeeren in einem Rhythmus von 12 Stunden und 25 Minuten beobachten. Im Grunde wird es durch die Anziehungskräfte zwischen Erde und Mond sowie Erde und Sonne verursacht. Der Mond übt auf alle Dinge der Erde seine Anziehungskraft aus. Die Erdkruste ist davon nicht betroffen, aber da Wasser flüssig ist, werden die Wassermassen von der Gravitationskraft des Mondes angezogen; hieraus entsteht auf der dem Mond zugewandten Seite ein Flutberg. Da Erde und Mond sich um eine gemeinsame Achse drehen, entsteht auf der dem Mond abgewandten Seite der Erde als Resultat der Fliehkraft ein zweiter Flutberg. Da sich die Erde parallel zu obigen Effekten um sich selbst dreht, wechseln sich Ebbe und Flut, im englischen „low tide" und „high tide" genannt, ab. Und weil sich der Mond innerhalb eines Tages etwas weiter um die Erde bewegt, dauert der Gezeitenwechsel mehr als 12 Stunden. An Neu- und Vollmond dagegen ist die Flut höher als sonst. Das wiederum liegt an der Anziehungskraft der Sonne. Die Sonne hat eine deutlich niedrigere Anziehungskraft, da sie so weit entfernt liegt, aber bei Voll- und Neumond stehen Sonne, Mond und Erde in einer direkten Linie, und so kommt es zur Verstärkung der Anziehungskräfte und damit zu einem höheren Tidenhub. Manchmal sind die Springtiden sehr dramatisch und führen zu Unglücken.

Im Golf von St. Malo kommt noch ein verstärkender Effekt dazu, weshalb die Kanalinseln mit bis zu 14 m Tidenhub zu den höchsten der Welt zählen. Jersey verdoppelt bei Ebbe quasi täglich seine Inselfläche. Das mit der Flut abfließende Wasser wird im Golf von St. Malo praktisch gestaut, da es teils auf flache Sandbänke und flachen Meeresboden aufläuft und nach Westen auf die Küstenlinie trifft. Dort wird es gewissermaßen zurückgedrängt und staut sich in der Folge an den Kanalinseln.

Informationen über die Uhrzeiten von Ebbe und Flut sind auf Jersey einfach zu bekommen, sei es in Zeitungen, im Internet oder oft an den Badestränden selbst. Das Meer um Jersey hat aufgrund obiger Effekte viele heimtückische Strömungen. Man sollte beim Baden immer auf die Tide achten und bei Ausflügen ins Felsenwatt oder auf das Meer hinaus am besten einen kundigen Führer engagieren.

nutzt diesen Umstand. Auf Klippen und Wiesen nahe der Küsten, besonders in der St. Ouen's Bay, kann man auf die hübschen kleinen Mittagsblumen stoßen.

Beim Wandern trifft man weißes Leimkraut, rote Grasnelken, purpurfarbene Gladiolen und im Frühjahr Veilchen, Primeln und Osterglocken. Butterblume, Schafgarbe, Klee, Glockenblume, Sauerampfer und Nelken erfreuen das Wandererherz und geben bunte Farbtupfer auf Urlaubsfotos.

Nur noch kleine **Wälder** haben sich auf Jersey erhalten, da diese durch Besiedelung und Kultivierung zurückgedrängt wurden. Häufig trifft man Eichen, Buchen, Kastanien, Kiefern und Pinien an.

Die Vielfalt der **Tiere** ist nicht so groß wie der Pflanzen, was an der Zersiedelung der Insel liegt. Man trifft auf **Frösche** und **Smaragdeidechsen**, oft flitzt beim Wandern ein **Eichhörnchen** vorbei. Der Spitzname der Bewohner Jerseys, **„toads"**, leitet sich von **Kröten** ab, die es auf den anderen Kanalinseln nicht gibt. Vergeblich sucht man Hasen, Rotwild, Füchse oder Dachse auf Jersey. Nutztierhaltung gibt es seit Jahrhunderten (**Schafe** für die Wollproduktion, **Jersey-Rinder** für die fetthaltige Milch).

Viele **Zugvögel** machen bei ihrem Flug nach Süden oder Norden Station auf den Kanalinseln. **Mehr als 100 verschiedene Vogelarten** hat man gezählt. Kuckuck, Rotschwänzchen, Weidenlaubsänger, Mönchs- und Gartengrasmücke, Amsel, Bachstelze, Specht, Steinschmätzer, Schwarzkehlchen und Zaunkönig bewohnen Wiesen, Wälder und Gärten Jerseys. **Seevögel** bevölkern die Küsten, darunter natürlich **Möwen,** aber auch Seeschwalben, Austernfischer und Brachvogel. Die kleinen **Papageientaucher** („puffin", siehe rechts) gibt es zwar, allerdings sind die Bestände sehr klein, wofür gerade umherstreifende Katzen verantwortlich sind. Mit ganz viel Glück und einem Fernglas kann man die Tiere mit ihren blau-rot-gelb gefärbten Schnäbeln beobachten.

Das **Meer** um die Insel ist reich an **Fischen und Meeresfrüchten.** Barsche, Meeräschen, Sand- und Meeraale, Schollen, Seezungen, Bras-

Papageientaucher

Die hübschen Vögel gehören zur Familie der Alkenvögel und leben im Nordatlantik, wobei auf den Kanalinseln die südlichste Population dieser Art lebt. Zum Brüten kommen diese mit ihren bunten Schnäbeln entfernt an Clowns erinnernden Vögel an Land.

Der Papageientaucher ist nur etwa 30 cm groß und besitzt eine Flügelspannweite von ungefähr 60 cm. Außerhalb der Brutzeit (Mai/Juni) verbringt er seine Zeit auf dem offenen Meer. Bereits im April verpaaren sich die Vögel und kommen dann an Land, die Kanalinseln verlassen sie dann meist wieder im Juli. Papageientaucher brüten erst, wenn sie sechs Jahre alt sind, und oft kommen sie dafür an den Ort zurück, an dem sie selbst ausgebrütet wurden.

Findet sich keine passende Bruthöhle, graben sie einfach selbst eine. Der Bereich sieht dann aus, wie von Kaninchenbauten durchlöchert. Die Bruthöhle ist üblicherweise 1 bis 1,5 m tief mit einem Durchmesser von 14 cm und einem Eingangsbereich von bis zu 50 cm. In dieses Nest legt der Vogel nur ein Ei, wobei die Eltern das Ei gemeinsam ausbrüten und das Küken für die folgenden 40 Tage versorgen. Leider gibt es nur noch wenige „puffins" auf den Kanalinseln, da Ratten, Katzen und auch Menschen die Populationen erheblich reduzierten. Auf Jersey sind Sichtungen mittlerweile eine große Seltenheit, die Anzahl der Tiere ist inzwischen auf weniger als zehn Paare gesunken. Aufgrund der weltweit stark schrumpfenden Population wird der Papageientaucher von der IUCN als gefährdete Tierart eingestuft.

sen und Dorsche sind an den Küsten heimisch. Krabben, Langusten, Hummer, Wellhornschnecken und Austern findet man vor Jersey, sogar **Delfine** gibt es vor der Küste, die Autoren konnten zudem eine **Robbe** beobachten.

Auch auf Jersey kämpft man mit **Umweltproblemen.** Aufgrund der großzügigen Verwendung von Dünger im von der öffentlichen Hand geförderten, lukrativen Anbau der Jersey Royals (s. S. 114) ist das **Wasser** immer wieder verschmutzt. Lokale Brunnen können aufgrund der Nitratbelastung oft nicht zur Trinkwasserversorgung der Eigentümer verwendet werden.

Das Meerwasser dagegen blieb bisher verschont, sonst wäre die Austernzucht nicht möglich. Elf **Strände** auf Jersey weisen laut Marine Conservation Society beste **Wasserqualität und Sauberkeit** auf. Der National Trust of Jersey und die Société Jersiaise setzen sich für den Naturschutz ein, das **Dünengebiet Les Mielles** 11 steht unter **Naturschutz.**

Ein dichtes Netz an **„Green Lanes"** durchzieht die Insel. Hier haben Fußgänger, Radfahrer und Reiter Vorrang. Die maximale Geschwindigkeit liegt bei 15 mph, das entspricht ungefähr 24 km/h.

KURZ & KNAPP

Société Jersiaise

Die Société Jersaise ist ein **Kulturverein,** der bereits 1873 von einflussreichen Inselbewohnern gegründet wurde. Zweck des Vereins ist es, die Archäologie, Geschichte, Naturgeschichte und den fast ausgestorbenen Dialekt – das Jèrriais (s. S. 132) – zu erforschen und zu bewahren.

› https://www.societe.je

Von den Anfängen bis zur Gegenwart

› Schon von **25.000 v. Chr. bis 11.000 v. Chr.** lebten auf Jersey Menschen. Im Südwesten der Insel fand man in der Höhle **La Cotte de St. Brelade** Zähne eines Neandertalers und Teile eines Kinderschädels, die auf die frühe Besiedlung der Insel hindeuten, wahrscheinlich lebten Jäger und Sammler dort eine Zeit lang, da die Lage Schutz vor den Atlantikwinden bot. In Zeiten mit niedrigerem Meeresspiegel befand sich um die Höhle möglicherweise eine weite Grassteppe mit Birken, Erlen und Haselsträuchern. Knochen von Pferden, Wölfen, Bären, Füchsen und Hirschen entdeckte man in der Höhle, aber auch die von etwa 20 Mammuten und fünf Nashörnern. Jersey wurde **ca. 6000 v. Chr. vom Festland abgetrennt.** Wahrscheinlich um **4500 v. Chr.** begannen die Menschen auf der Insel mit dem **Ackerbau.** Spuren einer ausgeprägten **Megalithkultur** mit Ganggräbern und Menhiren finden sich noch heute vielerorts auf der Insel. Man vermutet, dass Jersey in der Bronzezeit Handelsbeziehungen mit Irland unterhielt. Später kamen Kelten aus dem Gebiet an der Oberdonau und vom Oberrhein nach Jersey. Erste, leicht befestigte **Siedlungen,** z. B. in Rozel (s. S. 64), stammen aus der **Eisenzeit.** Gallische Flüchtlinge brachten wahrscheinlich die römische Kultur nach Jersey, von den Römern selbst gibt es keine Spuren auf Jersey.

› **Um 500 n. Chr.** gerieten die Kanalinseln in den Fokus fränkischer und bretonischer Herrscher und wurden Gegenstand einer Auseinandersetzung um Macht-

Der Dolmen du Faldouët 50 bei Gorey

056je-mjm

ansprüche. Diese Epoche wird auch als **„Dark Ages“** bezeichnet, da es praktisch keine Spuren aus dieser Zeit gibt.

- Über keltische Handelsrouten und mit englischen Flüchtlingen gelangte das **Christentum** auf die Kanalinseln. Ab dem 6. Jh. kamen erste Missionare auf die Insel. Der Prediger **Helerius/Helibert bzw. St. Herlier** (s. S. 14) kam deshalb nach Jersey. 555 überfielen Piraten Jersey und töteten den Prediger, der zuvor an dem Ort gelebt hatte, an dem heute das Elizabeth Castle (1) steht.
- Die Kanalinseln wurden **933,** als William Longsword das Herzogtum Normandie von seinem Vater Rollo übernahm, **der Normandie zugeschlagen.** Die Normannen entwickelten einen Gesetzeskodex und brachten ihn später auch auf Jersey, die Grundlage des Rechtssystems, das heute noch gültig ist.
- Das von den Normannen eingeführte **feudale Lehnssystem** wurde unter der englischen Krone fortgeführt. Ländereien übergab der König oder Herzog als „Fief“ (Lehnsgut) an Seigneurs (Mitglieder der Oberschicht oder Bischöfe). Diese wiederum sicherten militärische Unterstützung zu und bekamen dafür weitere Privilegien wie eigene Mühlen, die Erlaubnis, Tauben zu züchten oder eigene Steuern zu erheben. Teile des Fief verpachteten sie an „Tenants“, auf Teile deren Ernte sie Anspruch erhoben.
- Nachdem **Wilhelm der Eroberer,** Herzog der Normandie, 1066 in der Schlacht von Hastings über König Harald siegte, krönte man ihn zum englischen König. Damit wurden die Kanalinseln dem Königreich zugeschlagen und waren fortan direkt der Krone unterstellt. In seiner Eigenschaft als **Herzog bzw. Herzogin der Normandie** sind die Kanalinseln seitdem mit Unterbrechungen **den britischen Herrschern unterstellt.** 1204 bekräftigten die einflussreichsten Familien der Kanalinseln nochmals diesen Machtanspruch, als der französische König Philipp II. August die Normandie dem englischen König John Lackland abnahm, dafür erhielten die Insulaner weitgehende politische und wirtschaftliche Freiheiten. Der Bischof von Coutances in Frankreich wurde zum kirchlichen Oberhaupt der Inseln.
- Mehrfach versuchten die Franzosen in der Folge, Jersey zu erobern, was auch im Hundertjährigen Krieg missglückte. Trotzdem überfielen französische Truppen die Inseln immer wieder, plünderten und vernichteten Ernten. Eine **Pestepidemie im 14. Jh.** dezimierte die Bevölkerung emp-

findlich. Dem Franzosen Jean de Carbonnel übergab man Gorey Castle 47 und später ganz Jersey als Dank für seine Unterstützung des Hauses Lancaster im **Rosenkrieg im 15. Jh.** Die Bezeichnung Mont Orgueil (Berg des Stolzes) stammt aus dieser Zeit. 1468 wurde Jersey unter Edward IV. zurückerobert.

- **1471** gab es eine Verwaltungsreform und Jersey bekam einen eigenen „governor" als Repräsentant der Krone. Unter Elizabeth I. bekam Jersey zusätzlich zur Selbstverwaltung seine eigene Rechtsprechung. Diese **Verfassung** ist im Wesentlichen bis heute gültig.
- **1569** löste Elizabeth I. die Verbindung Jerseys zur Diözese Coutances und gliederte die Insel der **Diözese Winchester** in Südengland an. Da es zu dieser Zeit keine anglikanischen Priester auf Jersey gab, übernahmen französische Hugenotten (Calvinisten) die Verbreitung der neuen Lehre. Während der **Reformation** zerstörte man zahlreiche Symbole des römisch-katholischen Glaubens. In dieser Zeit erbaute man Elizabeth Castle 1 als Ersatz für Gorey Castle. Der Gouverneur Sir Walter Raleigh (s. u.) benannte die Burg 1600 nach der englischen Königin, mit der er befreundet war.
- Elizabeth I. gab damals offizielle Erlaubnisscheine („Letter of Marque") an private Seeleute („Privateers") aus, die diesen erlaubte, mit Waffengewalt Handelsschiffe anderer Länder, bevorzugt aus Spanien oder Frankreich, zu kapern. 20 % der Gewinne gingen an das Königshaus. Jerseys **Freibeuter** brachten mit ihrem Wissen über die gefährliche Küste mit Felsen und Riffen fast den gesamten französischen Küstenhandel zum Erliegen. Georg III. verbot die Freibeuterei 1815.

Jerseys Gouverneur Sir Walter Raleigh

Raleigh wurde 1554 in Devonshire geboren, früh begann er mit Entdeckungsfahrten und der Freibeuterei, die Königin Elizabeth I. offiziell erlaubt hatte. Dabei wurde er regelrecht berühmt und 1585 zum Ritter geschlagen. 1591 heiratete er im Geheimen eine der Hofdamen von Königin Elizabeth I., wofür sie ihn und seine Frau im Tower of London internierte. Nach ihrer Entlassung zog sich das Paar auf seinen Sitz in Dorset (Südwestengland) zurück.

1594 segelte Raleigh auf der Suche nach dem sagenumwobenen El Dorado nach Südamerika. Das Amt des Gouverneurs von Jersey, das er 1600 antrat, war keine Belohnung für Raleigh. Stattdessen wollte er sich gegen Ende der Regentschaft Elizabeths I. aus dem unmittelbaren Wirkfeld der Königin und seiner Feinde am Hof entfernen. Für diese Zeit war es ungewöhnlich, dass er selbst nach Jersey kam, denn normalerweise übergab man die Aufgaben an einen Vize-Gouverneur.

Raleigh modernisierte in der kurzen Zeit, in der er für Jersey zuständig war, die Verteidigungsanlagen und baute Elizabeth Castle 1.

Als Königin Elizabeth 1603 starb, wurde er wieder im Tower festgesetzt, da man ihm vorwarf, an einem Komplott gegen König James I. mitgewirkt zu haben. 1616 entließ man ihn unter der Auflage, einen zweiten Versuch zu starten, die Goldstadt zu finden. Da dies abermals fehlschlug, wurde Raleigh nach seiner Rückkehr nach England festgenommen. In einem Schauprozess, der die Spanier besänftigen sollte, wurde Raleigh verurteilt und in Whitehall geköpft.

- Die **Herstellung von Wollprodukten** beschäftigte viele Insulaner ab dem 15. Jh. Pullover, Jacken und Strümpfe waren Exportschlager und wurden sogar bis Amerika verschifft, angeblich trug Maria Stuart bei ihrer Hinrichtung Strümpfe aus Jersey. Obwohl es viele Schafe auf den Inseln gab, wurde weiteres Rohmaterial aus England eingeführt. Stricken in Vollzeit und als Nebenerwerb war häufig. 1608 befürchtete die Regierung mangelnde Erträge aus der Landwirtschaft, weshalb ein generelles Strickverbot in der Erntezeit erlassen wurde.
- Jersey schloss sich im **Englischen Bürgerkrieg** (1642–1648) aus Ärger über die mächtige Familie de Carteret (s. S. 26) Oliver Cromwells Parlamentariern an. Philippe de Carteret starb auf Elizabeth Castle ❶, wohin er sich zurückgezogen hatte. Sein Neffe trat dessen Nachfolge an und gewährte aus Loyalität gegenüber dem Haus Stuart Prinz Charles, dem späteren Charles II., Zuflucht in Elizabeth Castle. Zwei Jahre nach der Hinrichtung des Vaters wurde er in St. Helier zum neuen König ausgerufen. 1651 ergab sich de Carteret den Parlamentstruppen. Nach dem Tod Cromwells kam Charles II. zurück ins Land und Jerseys Bailiff George de Carteret erhielt 1664 als Dank die Provinz New Jersey in Amerika.
- Während der **Amerikanischen Unabhängigkeitskriege** (1775–1783) unterstützte Frankreich die revoltierenden amerikanischen Kolonien und stellte sich damit gegen England. Auf Jersey begann man mit dem Bau von Wehrtürmen. Trotzdem kapitulierte der Gouverneur von Jersey bei einem Angriff einer französischen Truppe. In der berühmten **„Battle of Jersey“** schlugen die Insulaner die Franzosen in die Flucht. Weitere Angriffe wurden befürchtet, und so sicherte man die Insel mit Martello-Türmen (s. S. 70) quasi lückenlos ab; Frankreich griff nicht mehr an.

Der Stoff

„Jersey“ ist heute als Bezeichnung für einen Stoff weithin bekannt. Diese geht auf den „Bestseller“ der Kanalinseln aus dem Mittelalter zurück, der zuerst auf Jersey produziert wurde. Ursprünglich bestand er ausschließlich aus Wolle, heute wird er aus Wolle, Baumwolle und synthetischen Fasern hergestellt.

Lillie Langtry schneiderte sich aus Wolljersey ein Kostüm, aber den Durchbruch in der Modewelt gelang Jersey mit den Kollektionen von Coco Chanel. 1916 stellte dies einen regelrechten Schock für die Modewelt dar, denn damals wurde der Stoff ausschließlich für Männerunterwäsche verwendet.

- **Schmuggel** war die Haupteinnahmequelle der Kanalinseln im **18. Jh.** Hauptsächlich ging es um Luxusgüter wie Tee, Wein und Tabak.
- Im **19. Jh.** kamen viele Engländer nach Jersey und sorgten für englische Einflüsse in der bis dato eher normannisch-französisch geprägten Kultur. Häuser im englischen Stil entstanden, Englisch war als Sprache in den Debatten der Regierung ab 1900 erlaubt, Französisch blieb aber Amtssprache. Schon in den 1830er-Jahren gewann man große Mengen an **Austern** aus den Austernbänken im Südosten von Jersey, diese verkaufte man hauptsächlich nach Frankreich. **Jersey-Rinder, Gemüse** und **Blumen** aus Gewächshäusern waren weitere Exportschlager. Da der Gouverneur oft nicht auf der Insel wohnte und sich vom *lieutenant governor* (Vizegouverneur) vertreten ließ, schaffte man 1854 den Posten des Gouverneurs ab. Die **Eisenbahnlinie** Jerseys, eröffnet 1870, verlief von St. Helier nach

057je-mjm

Die Batterie Lothringen am Noirmont Point (s. S. 47)

St. Aubin und später weiter nach La Corbière. 1873 kam eine zweite Linie von St. Helier nach Gorey hinzu. Die ersten Autos fuhren auf Jersey 1899, eine Gasbeleuchtung wurde 1831 eingeführt.

› Schon ab der Mitte des 19. Jh. kamen Badegäste und damit die ersten **Touristen** nach Jersey, für die Hotels und Meerschwimmbecken gebaut wurden, auch Victor Hugo (s. S. 88) lebte eine Zeit lang auf Jersey.

› In den 1920er-Jahren landeten die ersten **Flugzeuge** am Strand von St. Aubin. 1937 wurde der Flughafen eröffnet.

› Im **Zweiten Weltkrieg** entmilitarisierte man die Inseln nach der Kapitulation Frankreichs. Den Bewohnern empfahl man die Evakuierung.

› Am 1.7.1940 wurde **Jersey von den Deutschen besetzt.** Viele Hinterlassenschaften der deutschen Besatzung wie Bunker und eine kilometerlange Tunnelanlage (25) können noch heute besichtigt werden. Am **Liberation Day** feiert man bis heute die **Befreiung Jerseys** am 9. Mai 1945 durch britische Truppen.

› In der Folge wurden die Weichen für eine positive wirtschaftliche Entwicklung gestellt: 1959 senkte man die **Einkommenssteuer** auf 20 % ab und erhielt eine Sonderstellung innerhalb der EWG. Die Kanalinseln waren **kein EU-Mitglied,** gehören aber zum Zollgebiet der EU, weshalb die EU keinen Einfluss auf Jerseys Steuer- oder Sozialgesetze hat und die Insel ein Paradies für Banker und Spitzenverdiener ist. Im Rahmen der Affäre um die **Panama Papers** wurde bekannt, dass auf Jersey über 14.000 Offshore-Unternehmen registriert sind.

› Da die Inseln nicht Teil der EU sind, durften die Bewohner beim Referendum über den **EU-Austritt Großbritanniens** nicht abstimmen. Gleichzeitig gelten aber die gleichen Regelungen wie zwischen der EU und dem Vereinigten Königreich.

058je-mjm

An- und Rückreise

Jersey wird direkt von **Düsseldorf** und **München** in Deutschland sowie **Zürich** in der Schweiz angeflogen. Für **Flüge** von anderen deutschen Flughäfen muss man umsteigen. Der verhältnismäßig kleine **Flughafen** von Jersey hat lediglich eine Landebahn.

Mit dem Bus der Linien 9, 15 und 22 fährt man bequem in 25 Minuten nach St. Helier. Ab hier hat man in alle Regionen der Insel weitere Busverbindungen.

Alternativ bietet sich für den Transfer vom Flughafen zu den Hotels ein **Taxi** an. Ein Taxitransfer vom Flughafen nach St. Helier kostet £15.

Eine andere Möglichkeit der Anreise ist die Fahrt mit dem **Auto** durch Frankreich nach St. Malo an der französischen Atlantikküste fahren. Von dort setzt man mit der **Fähre** nach Saint Helier, Jersey über. Die Überfahrt mit Condor Ferries (www.directferries.com) dauert 1 Stunde und 20 Minuten. Die Überfahrt für eine Person mit Fahrzeug kostet zwischen 230€ und 280€. Die Anfahrt nach St. Malo dauert z.B. von Hannover oder Stuttgart 11 bis 12 Stunden.

Außerdem kann man mit dem **Zug** über Paris und Rennes nach St. Malo fahren und dort die Fähre nehmen. Die Fahrt mit dem Zug von Köln oder Frankfurt dauert 7–8 Stunden.

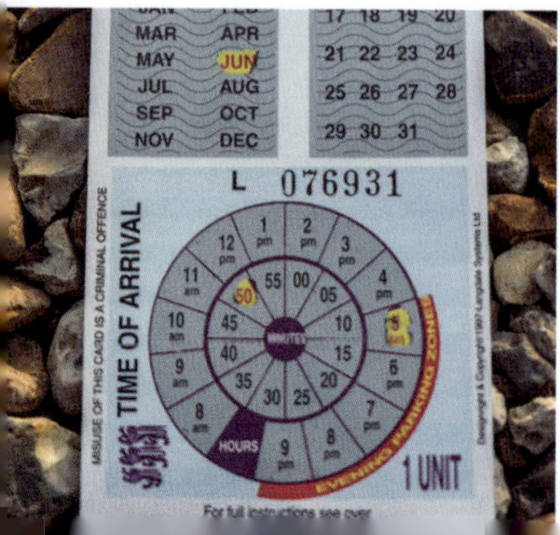

059je-mjm

Autofahren

Hat man Jersey mit dem Flugzeug erreicht, lohnt sich das Anmieten eines Mietwagens nicht. Die Insel ist nicht besonders groß und mit einem sehr guten Linienbusnetz überzogen, sodass man sich **gut ohne Auto** fortbewegen kann.

Ist man mit dem eigenen PKW mit der Fähre angereist, sollte das Auto nicht zu groß sein. Die **Straßen** sind relativ schmal und relativ verkehrsreich. Gerade auf Nebenstrecken ist Vorsicht geboten, denn dort gibt es oft nur wenige Ausweichmöglichkeiten. Die Insulaner sind ausgesprochen höfliche Autofahrer, die gerne die Vorfahrt gewähren, dies sollten Sie sich direkt abschauen. Üblich ist es dann, sich zu grüßen.

Auf Jersey besteht **Linksverkehr**. Eine Besonderheit sind die **Green Lanes** im Landesinnern, auf denen Fußgänger und Fahrradfahrer Vorfahrt haben. Auf Landstraßen gilt eine **Höchstgeschwindigkeit** von 40 mph (64 km/h), innerhalb von geschlossenen Ortschaften 30 mph (48 km/h), auf den Green Lanes 15 mph (24 km/h).

Im **Kreisverkehr** haben Fahrzeuge innerhalb des Kreises Vorfahrt. Kommt man an eine Straßenmündung mit doppelter Linie, so muss man dort anhalten, bevor man weiterfährt.

Parkverbot ist durch gelbe Linien gekennzeichnet. Man benötigt zum Parken auf öffentlichen Parkplätzen und in Parkhäusern eine **„paycard“**,

Zum Parken auf Jersey benötigt man die „paycard“

Vorseite: Die Windmühle am Catherine Best (s. S. 39)

die man in einigen Geschäften und in der Touristinfo (s. S. 21) erhält.

Der **europäische Führerschein** berechtigt zum Führen eines Fahrzeugs. **Benzin,** Diesel und Super sind dieselben wie auf dem europäischen Festland und aufgrund der steuerlichen Vorteile oft günstiger als dort.

Die **Promillegrenze** liegt bei 0,8 Promille.

Barrierefreies Reisen

Viele **Hotels, Restaurants und Sehenswürdigkeiten** sind gut auf die Bedürfnisse von behinderten Gästen eingerichtet. Auch die meisten **Busse** sind barrierefrei. Für Behindertenparkplätze wird der in Deutschland ausgestellte blaue Parkausweis anerkannt. Rollstühle kann man bei Shopmobility ausleihen:

- **Shopmobility** <174> Sand Street, St. Helier JE2 3QF, Tel. 01534 739672, www.shopmobility.org.je

Diplomatische Vertretungen

Es gibt auf Jersey zwar einen deutschen Honorarkonsul, in Notfällen muss man sich aber an die Botschaft in London wenden.

- **Botschaft von Deutschland in Großbritannien,** 23 Belgrave Square/ Chesham Place, London SW1X 8PZ, Tel. 0044 20 78241300, www.uk.diplo.de
- **Botschaft von Österreich in Großbritannien,** 18 Belgrave Mews West, London SW1X 8HU, Tel. 0044 20 73443250, www.bmeia.gv.at
- **Schweizer Botschaft,** 16–18 Montagu Place, London W1H 2BQ, Tel. 0044 20 76166000, www.eda.admin.ch

Einreisebestimmungen

Für die Einreise aus der EU benötigt man einen gültigen **Reisepass.**

Elektrizität

Die **Netzspannung** beträgt 240 Volt, wobei auch die bei uns üblichen 220-Volt-Geräte angeschlossen werden können. Man findet meistens **zweipolige Stecker,** manchmal aber auch dreipolige. Es empfiehlt sich auf alle Fälle, einen Adapter mitzunehmen. Dieser kann aber auch in Supermärkten auf der Insel erworben werden.

Geldfragen

Jersey besitzt **eigene Banknoten und Münzen,** die dem britischen Pfund gleichgestellt sind. **Jersey- und Guernsey-Pfund** (£) sind an das britische Pfund gekoppelt. 100 Pence entsprechen 1 Pfund. Die Geldscheine sind seit 2010 dreisprachig. Die Vorderseite ist englisch, die Rückseite französisch beschriftet. Im unteren rechten Bereich befindet sich die Angabe in Jèrrais.

Mit **Kreditkarten** kann problemlos gezahlt und Geld abgehoben werden, allerdings sollte man sich bei seiner Bank oder beim Kreditkarteninstitut über eventuelle Kosten für die Auslandszahlung informieren. Es kann zudem vorkommen, dass Geldautomatenbetreiber im jeweiligen Land zusätzliche Gebühren erheben.

Debitkarten (in Deutschland auch als **Girocard** bekannt) mit Maestro-Funktion sind noch bis zu ihrem Laufzeitende gültig, werden aber seit Juli 2023 sukzessive gegen sogenann-

te Mastercard-Debit-Karten ausgetauscht, mit denen man ebenfalls im Ausland zahlen und Geld abheben kann. Debitkarten mit V-Pay-Symbol funktionieren außerhalb der EU generell nicht, die neuen Visa-Debitkarten hingegen in der Regel schon. Viele Banken sperren Debitkarten aus Sicherheitsgründen für den Einsatz im außereuropäischen Ausland oder beschränken den Verfügungsrahmen. Man sollte sich im Vorfeld erkundigen und die Karte ggf. freischalten lassen.

Unterkünfte und Gastronomie sind auf der Insel nicht gerade günstig, zudem ist die Inflationsrate in den letzten Monaten (Stand Anfang 2024) deutlich gestiegen. In einfachen Hotels und Guesthouses kostet eine Übernachtung im Doppelzimmer im Schnitt £ 100–120. Nach oben hingegen sind keine Grenzen gesetzt. Beim Essengehen kann man sich günstig von Fish and Chips (im Schnitt £8–10) ernähren, aber auch deutlich edler (und teurer) in feinen Restaurants speisen. Für einen Cream Tea (s. S. 115) gibt man ungefähr £13 aus.

Auf den Kanalinseln werden eigene Banknoten und Münzen ausgegeben

Umrechnungskurs am Geldautomaten

Beim Abheben von Bargeld in Landeswährung wird manchmal angeboten, dass die Abrechnung mit dem eigenen Konto in Euro erfolgen kann. Das Verfahren ist als **Dynamic Currency Conversion (DCC)** bekannt. Wählt man diese Option, die ja sicherer erscheint, wird aber ein ungünstiger Wechselkurs zugrundegelegt, der erhebliche Kosten verursachen kann. Deshalb sollte man Abhebungen immer in der Landeswährung vom eigenen Konto abbuchen lassen. Dann legt die eigene Bank den offiziellen Devisenkurs zugrunde.

Wechselkurse

- £ 1 = 1,17 €
- 1 € = £ 0,86
- £ 1 = 1,12 SFr
- 1 SFr = £ 0,90

(Stand: März 2024)

Hunde

Jerseys Einwohner gelten als sehr **hundefreundlich.**

Hunde müssen allerdings bei der Einreise über einen **Mikrochip** und einen **EU-Haustierpass** verfügen und gegen Tollwut geimpft sein, die Erstimpfung muss mindestens 21 Tage vor der Einreise erfolgt sein. Ein bis fünf Tage vor der Einreise muss Ihr Hund gegen bestimmte **Bandwürmer** behandelt werden. Der Amtsarzt füllt die Bescheinigung „non-commercial EU health certificate for the Jersey Channel Islands" aus, die maximal zehn Tage vor Einreise ausgestellt werden darf. Einige Hunderassen dürfen überhaupt nicht eingeführt werden.

Vor der Einreise muss man noch eine Erklärung unterschreiben, aus der der Ort hervorgeht, an dem der Hund gehalten wurde. Das Formular bekommt man bei der Fährgesellschaft.

› **Weitere Infos:** www.gov.uk/bring-pet-to-great-britain

Es gibt strenge Auflagen bzw. Bußgelder für das **Hinterlassen von Hundekot** auf Gehsteigen oder in Parks. Häufig sind Badestrände für Hunde verboten. Lassen Sie Ihren Hund nie unbeaufsichtigt und legen Sie ihm ein **Halsband mit Adresse** an. Eine Unterkunft, die das Mitbringen von Hunden erlaubt, sollte einfach zu finden sein. Dagegen dürfen Hunde nur sehr selten in **Restaurants, Pubs, Cafés oder Geschäfte** mitgenommen werden. Auch beim Besuch der meisten **Sehenswürdigkeiten** sind Hunde verboten. Die Mitnahme in Jerseys **Bussen** ist grundsätzlich möglich, jedoch hat hier der Fahrer das letzte Wort.

Informationsquellen

Infostellen auf der Insel

Die **Tourismusinformation** von Jersey befindet sich in St. Helier (s. S. 21). **Busfahrpläne** in gedruckter Form erhält man in der Tourismusinformation und in einigen Geschäften auf der Insel. Meistens liegen auch in den Hotels Exemplare aus.

Es empfiehlt sich, immer einen Fahrplan dabei zu haben.

Jersey im Internet

› **www.jersey.com/de:** offizielle Website von Jersey, auch in deutscher Sprache. Links zur Buchung von Aktivitäten, Unterkünften und Restaurants.

› **www.libertybus.je:** Homepage von Libertybus, auf der man die Busfahrpläne abrufen kann

› **www.gov.je/weather/tidetimes:** Zum Baden und für Strandwanderungen unerlässlich sind diese Tidenpläne der Insel.

› **www.nationaltrust.je:** Der National Trust kümmert sich seit 1936 um den Erhalt des Kulturraums, von historischen Gebäude und Orten, Tierwelt und Pflanzen.

› **www.jerseyheritage.org:** Jersey Heritage schützt geschichtsträchtige Orte und Kulturräume der Insel und macht diese der Öffentlichkeit zugänglich. Mit dem Jersey Heritage Pass erhält man zu einem vergünstigten Preis Zutritt zu vier historischen Sehenswürdigkeiten.

› **www.gov.je:** offizielle Website der Regierung Jerseys

Publikationen und Medien

› Die Landkarte **„Official Leisure Map"** im Maßstab 1 : 25.000 eignet sich gut zur

Erkundung der Insel. Sie zeigt alle Wanderwege, ist aber auch gut für Autofahrer geeignet.

- **Jersey Evening Post:** Tageszeitung mit Gezeitenplan.

Internet

In den meisten Unterkünften gibt es kostenfreies **WLAN.** Auch in vielen Restaurants und Cafés auf der Insel kann man kostenlos und drahtlos im Internet surfen.

Maße und Gewichte

Auf den Kanalinseln gilt, genau wie in Großbritannien, seit 1995 das **metrische System.** Einzige Ausnahmen sind das Pint für das Bier und die Angabe in Meilen statt Kilometern. Folgende Maßeinheiten werden angewendet:

- 1 pound = 454 g
- 1 pint = 0,568 l
- 1 mile = 1,61 km
- 1 yard = 91,44 cm
- 1 foot = 30,48 cm
- 1 inch = 2,54 cm

Unsere Literaturtipps

- **„Wildlife of the channel islands“** von Sue Daly ist ein sehr empfehlenswertes Buch über die Tierwelt Jerseys. Die Autoren kauften es im Zoo 41 von Jersey.
- 2019 erschien von den Autoren dieses InselTrips ein Wanderführer über die Kanalinseln: Janina Rauscher und Markus Meier, **„Kanalinseln – 32 Wanderungen im Rhythmus der Gezeiten“**, Conrad-Stein-Verlag.
- Von Gerald Durrell (s. S. 61) gibt es Bücher wie **„Meine Familie und anderes Getier“**, **„Ein Koffer voller Tiere – ich fange meinen eigenen Zoo“** und **„Die Tiere in meiner Arche“**. Die Bücher sind allerdings nur gebraucht zu bekommen.
- Roy McLoughlins **„Britische Inseln unter dem Hakenkreuz“** berichtet über die deutsche Besatzung auf den Kanalinseln zwischen 1940 und 1945. Augenzeugenberichte und umfangreiches Bildmaterial üben die Faszination dieses Buches aus. Dem Leser werden die Auswirkungen jedes Kriegsjahres auf die Bevölkerung anschaulich geschildert.
- John Nettles **„Hitlers Inselwahn: Die britischen Inseln unter deutscher Besetzung“** beleuchtet ebenfalls die deutsche Besatzungszeit. Einzelschicksale fesseln den Leser. Das Buch behandelt zudem die bisher nicht umfassend aufgearbeitete Geschichte der Kollaborateure.
- Martin Wilhelmi hat einen Kriminalroman geschrieben (erschienen 2009), der in London, Hamburg und auf Jersey spielt: **„Fernsehfieber – Tödliche Gefahr“**.
- Ein Krimi von Claus Beling spielt ebenfalls auf Jersey: **„Was du nicht weißt“**.
- **Filmtipp: „Tiefe Wasser“** (1981) der Krimiproduzentenlegende Helmut Ringelmann zeigt den Ehekrieg eines ungleichen Paars auf Jersey. Der Film geht auf eine Romanvorlage von Patricia Highsmith zurück.
- **Serientipp: „Jim Bergerac ermittelt“**. Die Krimiserie der BBC spielt auf Jersey. Acht der neun Staffeln sind in deutscher Sprache erhältlich.

Medizinische Versorgung

Eine europäische Krankenversicherung gilt auf Jersey nicht, daher müssen Medikamente und ein Arztbesuch direkt bezahlt werden.

Es empfiehlt sich, vor Reiseantritt eine **Auslandsreisekrankenversicherung** abzuschließen. Die medizinische Versorgung mit **Ärzten** und **Apotheken** ist gut. In Notfällen sollte man das Jersey General Hospital in St. Helier aufsuchen:

Jersey General Hospital <175>
The Parade, St. Helier JE1 3QS,
Tel. 01534 442000

Mit Kindern unterwegs

Die Kanalinseln sind bei Familien mit Kindern sehr beliebt, denn die vielen flachen, sauberen **Sandstrände** sind ideal zum Baden und Spielen. Auch einige Hotels haben sich gut auf die kleinen Gäste eingestellt. Viele der Touristenattraktionen auf Jersey und den Kanalinseln verfügen zudem über **Kinderspielplätze.**

Besonders interessante Sehenswürdigkeiten für Kinder sind der **Durrell Zoo** 41 und das **Elizabeth Castle** 1 bei St. Helier. Für kleine Abenteurer empfiehlt sich auch das **Maritime Museum** 2 in St. Helier. Im **Hamptonne Country Life Museum** 26 gibt es ebenfalls einiges zu entdecken, zudem laufen hier einige Tiere frei herum. Im **Mont Orgueil Castle** 48 in Gorey 47 können Kinder zum Ritter oder Burgfräulein werden. Auch eine **Tour mit dem Kajak** (s. S. 97) entlang der Nordküste ist für größere Kinder sehr spannend.

Notfälle

Die allgemeinen **Notrufnummern** für Feuerwehr, Polizei und Arzt lauten **999** oder **112**.

Die **Polizeistation** in St. Helier erreicht man unter der Nummer **612612**. Falls man einen Ausflug nach Guernsey macht und dort polizeiliche Hilfe benötigt, erreicht man die entsprechende Dienststelle unter Tel. 725111.

Kartensperrung

Bei **Verlust der Debit-/Giro-, Kredit-** oder **SIM-Karte** gibt es für Kartensperrungen eine **deutsche Zentralnummer** (unbedingt vor der Reise klären, ob die eigene Bank bzw. der jeweilige Mobilfunkanbieter diesem Notrufsystem angeschlossen ist). **Aber Achtung:** Mit der telefonischen Sperrung sind die Bezahlkarten zwar für die Bezahlung/Geldabhebung mit der PIN gesperrt, nicht jedoch für das **Lastschriftverfahren mit Unterschrift.** Man sollte daher auf jeden Fall den Verlust zusätzlich **bei der Polizei zur Anzeige bringen,** um gegebenenfalls auftretende Ansprüche zurückweisen zu können.

In **Österreich** und der **Schweiz** gibt es keine zentrale Sperrnummer, daher sollten sich Besitzer von in diesen Ländern ausgestellten Debit- oder Kreditkarten vor der Abreise bei ihrem Kreditinstitut über den zuständigen Sperrnotruf informieren.

Generell sollte man sich immer die **wichtigsten Daten** wie Kartennummer und Ausstellungsdatum **separat notieren,** da diese unter Umständen abgefragt werden.

- **Deutscher Sperrnotruf:** Tel. +49 116116 oder Tel. +49 3040504050
- **Weitere Infos:** www.kartensicherheit.de, www.sperr-notruf.de

Öffnungszeiten

Normalerweise haben **Geschäfte** montags bis samstags zwischen 9 und 17.30 Uhr geöffnet. Häufig gibt es eine Mittagspause von ein bis zwei Stunden. Manche Supermärkte haben bis 21 oder sogar 22 Uhr geöffnet.

Restaurants und **Pubs** sind in der Regel von 12 bis 14 Uhr und ab 18 Uhr geöffnet, die Küche ist meist aber nur bis 20 Uhr offen, oft ist sonntagabends geschlossen.

Post

Jersey gibt seit 1969 eigene **Briefmarken** heraus. Die Hauptpost von Jersey befindet sich in St. Helier. Aber auch in den kleineren Orten gibt es ein Postamt.

Einen frankierten Brief oder eine Postkarte kann man auch in einen der vielen typischen roten Briefkästen einwerfen. Auf Guernsey 56 dagegen sind die hübschen Briefkästen in dunklem Blau gehalten. Das Porto für eine Postkarte nach Deutschland, Österreich oder in die Schweiz kostet £ 0,98.

- **Jersey Post Office** <176> 15 Broad Street, St. Helier JE1 1AA, Tel. 01534 616616, geöffnet: Mo., Mi.-Fr. 8.30-17, Di. 9-17, Sa. 8.30-13 Uhr

Sprache

Viele Jahre war **Französisch** die dominierende Sprache auf der Insel, daher sind viele Straßen- und Ortsnamen noch heute auf Französisch. Heute ist **Englisch** die offizielle Sprache, mit der man sich problemlos verständigen kann.

KURZ & KNAPP

Patois Jèrriais

Die Sprache im Alltag der Einwohner Jerseys war bis zu Beginn des 20. Jahrhunderts ein westnormannischer Dialekt. Schon um 1000 n. Chr. hat man diesen hier gesprochen. Leider geriet er in der Neuzeit weitgehend in Vergessenheit und so sprechen heute nur noch einzelne ältere Insulaner überhaupt das Jèrriais.

Lange hatte es den Ruf der einfachen Sprache von Bauern, heute möchte man den Dialekt vor dem Aussterben retten, worum sich der Kulturverein Société Jersiaise (s. S. 120) bemüht.

Telefonieren

Die Nutzung einer **mobilen Datenverbindung** ist in vielen Fällen mit hohen Kosten verbunden, da die EU-Roaming-Verordnung für Jersey nicht gilt. Man sollte daher vor der Reise bei seinem Netzbetreiber Informationen über evtl. günstigere Auslandsdatenpakete einholen. Auch eine vor Ort erworbene Prepaid-Karte kann eine Alternative sein. Wer auf Nummer sicher gehen will, sollte die Mobile-Daten-Option deaktivieren und nur über kostenlose WLAN-Netze ins Internet gehen.

Tourangebote

- Auf Jersey gibt es **Busrundfahrten** zu den bedeutendsten Sehenswürdigkeiten der Insel. Die wichtigsten Anbieter findet man auf der Website des Tourismusbüros (www.jersey.com/things-to-do/tours/bus-and-coach-tours).
- Einen **Ausflug nach Guernsey** 56 kann man bei den ansässigen Fährunternehmen buchen. Weitere Infor-

Vorwahlen
- **Deutschland:** 0049
- **Österreich:** 0043
- **Schweiz:** 0041
- **Großbritannien:** 0044

Die jeweiligen Ortsvorwahlen sind in diesem Buch immer mit angegeben.

mationen finden sich auf der Website www.directferries.com.
- Jersey Seafaris (s. S. 109) bietet Ausflüge zu den Nachbarinseln **Sark** 55 und **Herm** 65 an.

Für Wanderungen an der Küste und über den Strand empfiehlt es sich, einen Guide zu buchen, um nicht von der Flut überrascht zu werden. Wir empfehlen hier Jersey Walk Adventures:
- **Jersey Walk Adventures** (s. S. 71), La Grande Route de La Cote, St. Clement JE2 6FW, Tel. 07797 853033, www.jerseywalkadventures.co.uk

Trinkgeld

Im Pub wird kein Trinkgeld erwartet, im Hotel und in Restaurants sind fünf bis zehn Prozent üblich.

Uhrzeit

Es gilt die westeuropäische Zeit, somit ist es ganzjährig eine Stunde früher als in Mitteleuropa. Wie in Großbritannien werden Uhrzeiten wie beispielsweise Öffnungszeiten mit a.m. (*ante meridiem,* also vor 12 Uhr mittags) und p.m. (für *post meridiem,* also nach 12 Uhr mittags) angegeben.

Unterkunft

Auf Jersey gibt es alle Arten von Unterkünften vom einfachen **Cottage** bis zum luxuriösen **Luxushotel,** auch **Apartmentanlagen** mit Pools sowie **Zeltplätze.** In den jeweiligen Ortskapiteln sind empfehlenswerte Unterkünfte angegeben.

Viele der Hotels findet man auf den bekannten Buchungsportalen. Für die Buchung von Cottages empfiehlt sich der lokale Anbieter Freedom Holidays:
- **Freedom Holidays,** Tel. 0800 2335259, www.freedomholidays.com

Verkehrsmittel

Zur Fortbewegung auf der Insel ist das **Busnetz** von Liberty Bus sehr gut geeignet. Ein (Sommer-)Netzplan ist auf dem diesem Buch beiliegenden **Faltplan** abgedruckt. Weitere und immer aktuelle Fahrpläne sind auf der Website einsehbar und liegen in der Tourismusinformation (s. S. 21) und einigen Hotels bzw. Geschäften aus. Die Busse fahren meistens stündlich, bei manchen Linien auch in kürzeren Intervallen. Busfahrzeiten sind in der Re-

065je-mjm

gel von frühmorgens (6 Uhr) bis gegen Mitternacht. Es gibt eigene Pläne für Samstag und Sonntag. Bustickets bekommt man beim Fahrer oder über die LibertyBus-App (kostenlos für Android und iOS). Ein Tagesticket kostet £8, ein Ticket für eine Woche £30.

› www.libertybus.je

Wetter und Reisezeit

Der milde Golfstrom sorgt für ein **ausgeglichenes Klima**, sodass es keine extremen Temperaturunterschiede zwischen Sommer und Winter gibt. Frost oder gar eine geschlossene Schneedecke sucht man auf Jersey meist vergeblich. Selten sind die Sommertage unerträglich heiß. Die **durchschnittliche Höchsttemperatur** beträgt in den Sommermonaten 20 °C. Auch im Winter fallen die Temperaturen kaum unter 8 °C. Jersey verfügt mit knapp unter 2000 Sonnenstunden im Jahr über einen hohen Wert. Gerade in den Monaten März bis Oktober ist mit viel Sonnenschein zu rechnen, besonders im Juni und Juli. Dann erwarten den Besucher im Schnitt je 255 Sonnenstunden. Natürlich fällt auch **Regen**, ansonsten könnte die Vegetation nicht so üppig wachsen und blühen. Mehrere Regentage hintereinander sind aber die Ausnahme, eher gibt es schnelle Wechsel zwischen Regen und Sonne. In den Wintermonaten von November bis Februar sind die Niederschläge allerdings deutlich häufiger. Insgesamt fällt aber weniger Niederschlag als in Deutschland.

Die **Hauptreisezeit** ist daher von Mai bis Oktober. Im August ist es aufgrund der britischen Ferien ziemlich voll, daher empfiehlt es sich, eher im Frühjahr (Mai/Juni) oder im Herbst (September) nach Jersey zu reisen. Eine **Regenjacke** gehört genauso ins Reisegepäck wie eine **Sonnencreme.**

Die **Wassertemperatur** steigt nicht über recht frische 20 °C. In der Badesaison im Sommer sind die Strände auch von Rettungsschwimmern *(lifeguards)* bewacht.

Tiden-/Gezeitenplan

Da es absolut wichtig ist, die Zeiten von Ebbe und Flut zu kennen, sollte man sich einen **Tidenplan** besorgen. Ein bei Ebbe grandioser Strand ist bei Flut aufgrund des brüllenden Meers gar nicht zu erkennen. Der Tidenplan findet sich in Jerseys Tageszeitung Jersey Evening Post. Vermieter oder Hotel helfen auch gerne weiter. In der Touristinfo (s. S. 21) liegen Tidenpläne aus oder man schaut im Internet unter www.gov.je/weather/Pages/Tides.aspx nach.

Wetter auf Jersey

Durchschnitt	Jan	Febr	März	Apr	Mai	Juni	Juli	Aug	Sept	Okt	Nov	Dez
Maximale Temperatur	8°	9°	11°	13°	17°	19°	21°	22°	19°	16°	12°	10°
Minimale Temperatur	4°	4°	5°	7°	9°	12°	14°	14°	13°	11°	7°	6°
Regentage	19	16	16	13	12	11	10	10	13	17	19	20
Wassertemperatur	9°	8°	8°	10°	12°	14°	15°	16°	16°	15°	13°	11°

ANHANG

061je-mjm

Kleine Sprachhilfe

Die folgenden Wörter und Redewendungen wurden dem Reisesprachführer „Englisch – Wort für Wort" (Kauderwelsch-Band 64) aus dem Reise Know-How Verlag entnommen.

Häufig gebrauchte Wörter und Redewendungen

Zahlen

1	(wann)	*one*
2	(tuh)	*two*
3	(ðrih)	*three*
4	(fohr)	*four*
5	(feiw)	*five*
6	(ßikß)	*six*
7	(ßäwèn)	*seven*
8	(äit)	*eight*
9	(nein)	*nine*
10	(tänn)	*ten*
11	(ihläwèn)	*eleven*
12	(twälw)	*twelve*
13	(ðörtihn)	*thirteen*
14	(fohrtihn)	*fourteen*
15	(fifftihn)	*fifteen*
16	(ßikßtihn)	*sixteen*
17	(ßäwèntihn)	*seventeen*
18	(äitihn)	*eighteen*
19	(neintihn)	*nineteen*
20	(twänntih)	*twenty*
30	(ðörtih)	*thirty*
40	(fohrtih)	*forty*
50	(fifftih)	*fifty*
60	(ßikßtih)	*sixty*
70	(ßäwèntih)	*seventy*
80	(äitih)	*eighty*
90	(neintih)	*ninety*
100	(hanndrid)	*hundred*

Die wichtigsten Zeitangaben

yesterday	(jäßtèrdäi)	gestern
today	(tuhdäi)	heute
tomorrow	(tuhmohrrou)	morgen
last week	(lahßt wihk)	letzte Woche
in the morning	(in ðè mohrning)	morgens
in the afternoon	(in ðih_ ahftèrnuhn)	nachmittags
in the evening	(in ðih_ ihwèning)	abends
Sunday	(ßanndäi)	Sonntag
Monday	(manndäi)	Montag
Tuesday	(tjuhsdäi)	Dienstag
Wednesday	(wännsdäi)	Mittwoch
Thursday	(ðörsdäi)	Donnerstag
Friday	(freidäi)	Freitag
Saturday	(ßättèrdäi)	Samstag

Die wichtigsten Fragewörter

who?	(huh)	wer?
what?	(wott)	was?
where?	(wäèr)	wo?/wohin?
why?	(wei)	warum?
how?	(hau)	wie?
how much?	(hau matsch)	wie viel? (Menge)
how many?	(hau männih)	wie viele? (Anzahl)
when?	(wänn)	wann?
how long?	(hau long)	wie lange?

Die wichtigsten Richtungsangaben

on the right	(on ðè reit)	rechts
on the left	(on ðè läfft)	links
to the right	(tuh ðè reit)	nach rechts
to the left	(tuh ðè läfft)	nach links
turn right/ left	(törn reit/ läfft)	rechts/links abbiegen
straight on	(ßträjt on)	geradeaus
in front of	(in front_off)	gegenüber
outside	(autseid)	außerhalb
inside	(inseid)	innerhalb
here	(hi-èr)	hier
there	(ðäèr)	dort
up there	(ap ðäèr)	da oben
down there	(daun ðäèr)	da unten
nearby	(nihrbei)	nah, in der Nähe
far away	(fahr èwäi)	weit weg
around the corner	(raund ðè kohrnèr)	um die Ecke

+++ Die wichtigsten Wörter mit dem Bonus-Audiotrack des Kauderwelsch-

Die wichtigsten Floskeln und Redewendungen

yes	(jäß)	ja
no	(nou)	nein
thank you	(ðänk_juh)	danke
please	(plihs)	bitte
Good morning!	(gudd mohrning)	Guten Morgen!
Good evening!	(gudd ihwèning)	Guten Abend!
Hello! / Hi!	(hällou/hei)	Hallo!
How are you?	(hau ah juh)	Wie geht es Ihnen/dir?
Fine, thank you.	(fein ðänk_juh)	Danke gut.
Goodbye!	(gudd bei)	Auf Wiedersehen!
Have a good day!	(häw_è gudd däi)	Einen schönen Tag!
I don't know.	(ei dount nou)	Ich weiß nicht.
Cheers!	(tschiers)	Prost!
The bill, please!	(ðè bill plihs)	Die Rechnung, bitte!
Congratulations!	(kongrätschuläischènß)	Glückwunsch!
Excuse me!	(ikßkjuhs mih)	Entschuldigung!
I'm sorry.	(eim ßorrih)	Tut mir leid!
It doesn't matter.	(itt dahsnt mättèr)	Das macht nichts.
What a pity!	(wott_è pittih)	Wie schade!

Die wichtigsten Fragen

Is there a/an ... ?	(is ðäèr è/ènn ...)	Gibt es ...?
Do you have ... ?	(duh juh häw ...)	Haben Sie ...?
Where is/are ... ?	(wäèr is/ah ...)	Wo ist/sind ... ?
Where can I ... ?	(wäèr kähn_ei)	Wo kann ich ... ?
How much is it?	(hau matsch is_itt)	Wie viel kostet das?
What time?	(wott teim)	Um wie viel Uhr?
Can you help me?	(kähn juh hällp mih)	Können Sie mir helfen?
Is there a bus to ... ?	(is ðäèr è_baß tuh ...)	Gibt es einen Bus nach ...?
How are you?	(hau ah juh)	Wie geht es dir/Ihnen?
What's your name?	(wotts juhr näim)	Wie heißt du/heißen Sie?
How old are you?	(hau ould ah juh)	Wie alt bist du/sind Sie?
Where do you come from?	(wär duh juh kamm fromm)	Woher kommen Sie?
Excuse me?	(ikßkjuhs mih)	Wie bitte?

Nichts verstanden? – Weiterlernen!

I don't speak English.	(ei dount spihk in-glisch)	Ich spreche kein Englisch.
Pardon?	(pahdèn?)	Wie bitte?
I don't understand.	(ei dount andèrständ)	Ich habe nicht verstanden.
Do you speak German?	(duh juh spihk dschörmèn?)	Sprechen Sie Deutsch?
How do you say that in English?	(hau duh juh säi ðät in in-glisch?)	Wie heißt das auf Englisch?
What does it mean?	(wott dahs_itt mihn?)	Was bedeutet das?